国家出版基金项目
NATIONAL PUBLICATION FOUNDATION

欧亚历史文化文库

总策划 张余胜

兰州大学出版社

斯基泰时期的有色金属加工业

——第聂伯河左岸森林草原地带

丛书主编 余太山

〔苏联〕T. Б. 巴尔采娃 著

张良仁 李明华 译

图书在版编目(CIP)数据

斯基泰时期的有色金属加工业:第聂伯河左岸森林草原地带 /(苏)巴尔采娃著;张良仁,李明华译.—兰州:兰州大学出版社,2012.10

(欧亚历史文化文库/余太山主编)

ISBN 978-7-311-03977-6

Ⅰ.①斯… Ⅱ.①巴… ②张… ③李… Ⅲ.①有色金属冶金—工业史—研究—俄罗斯—前7世纪~前4世纪 Ⅳ.①F451.263

中国版本图书馆CIP数据核字(2012)第243506号

总策划	张余胜	

书　　名　**斯基泰时期的有色金属加工业**
　　　　　　——第聂伯河左岸森林草原地带
丛书主编　余太山
作　　者　Т. Б. 巴尔采娃　著
　　　　　张良仁　李明华　译
出版发行　兰州大学出版社　(地址:兰州市天水南路222号　730000)
电　　话　0931-8912613(总编办公室)　　0931-8617156(营销中心)
　　　　　0931-8914298(读者服务部)
网　　址　http://www.onbook.com.cn
电子信箱　press@lzu.edu.cn
印　　刷　兰州人民印刷厂
开　　本　700 mm×1000 mm　1/16
印　　张　15.25
字　　数　202千
版　　次　2012年10月第1版
印　　次　2012年10月第1次印刷
书　　号　ISBN 978-7-311-03977-6
定　　价　44.00元

出 版 说 明

　　随着 20 世纪以来联系地、整体地看待世界和事物的系统科学理念的深入人心，人文社会学科也出现了整合的趋势，熔东北亚、北亚、中亚和中、东欧历史文化研究于一炉的内陆欧亚学于是应运而生。时至今日，内陆欧亚学研究取得的成果已成为人类不可多得的宝贵财富。

　　当下，日益高涨的全球化和区域化呼声，既要求世界范围内的广泛合作，也强调区域内的协调发展。我国作为内陆欧亚的大国之一，加之 20 世纪末欧亚大陆桥再度开通，深入开展内陆欧亚历史文化的研究已是责无旁贷；而为改革开放的深入和中国特色社会主义建设创造有利周边环境的需要，亦使得内陆欧亚历史文化研究的现实意义更为突出和迫切。因此，将针对古代活动于内陆欧亚这一广泛区域的诸民族的历史文化研究成果呈现给广大的读者，不仅是实现当今该地区各国共赢的历史基础，也是这一地区各族人民共同进步与发展的需求。

　　甘肃作为古代西北丝绸之路的必经之地与重要组

1

成部分,历史上曾经是草原文明与农耕文明交汇的锋面,是多民族历史文化交融的历史舞台,世界几大文明(希腊—罗马文明、阿拉伯—波斯文明、印度文明和中华文明)在此交汇、碰撞,域内多民族文化在此融合。同时,甘肃也是现代欧亚大陆桥的必经之地与重要组成部分,是现代内陆欧亚商贸流通、文化交流的主要通道。

基于上述考虑,甘肃省新闻出版局将这套《欧亚历史文化文库》确定为2009—2012年重点出版项目,依此展开甘版图书的品牌建设,确实是既有眼光,亦有气魄的。

丛书主编余太山先生出于对自己耕耘了大半辈子的学科的热爱与执著,联络、组织这个领域国内外的知名专家和学者,把他们的研究成果呈现给了各位读者,其兢兢业业、如临如履的工作态度,令人感动。谨在此表示我们的谢意。

出版《欧亚历史文化文库》这样一套书,对于我们这样一个立足学术与教育出版的出版社来说,既是机遇,也是挑战。我们本着重点图书重点做的原则,严格于每一个环节和过程,力争不负作者、对得起读者。

我们更希望通过这套丛书的出版,使我们的学术出版在这个领域里与学界的发展相偕相伴,这是我们的理想,是我们的不懈追求。当然,我们最根本的目的,是向读者提交一份出色的答卷。

我们期待着读者的回声。

总序

　　本文库所称"欧亚"(Eurasia)是指内陆欧亚,这是一个地理概念。其范围大致东起黑龙江、松花江流域,西抵多瑙河、伏尔加河流域,具体而言除中欧和东欧外,主要包括我国东三省、内蒙古自治区、新疆维吾尔自治区,以及蒙古高原、西伯利亚、哈萨克斯坦、乌兹别克斯坦、吉尔吉斯斯坦、土库曼斯坦、塔吉克斯坦、阿富汗斯坦、巴基斯坦和西北印度。其核心地带即所谓欧亚草原(Eurasian Steppes)。

　　内陆欧亚历史文化研究的对象主要是历史上活动于欧亚草原及其周邻地区(我国甘肃、宁夏、青海、西藏,以及小亚、伊朗、阿拉伯、印度、日本、朝鲜乃至西欧、北非等地)的诸民族本身,及其与世界其他地区在经济、政治、文化各方面的交流和交涉。由于内陆欧亚自然地理环境的特殊性,其历史文化呈现出鲜明的特色。

　　内陆欧亚历史文化研究是世界历史文化研究中不可或缺的组成部分,东亚、西亚、南亚以及欧洲、美洲历史文化上的许多疑难问题,都必须通过加强内陆欧亚历史文化的研究,特别是将内陆欧亚历史文化视做一个整体加以研究,才能获得确解。

中国作为内陆欧亚的大国,其历史进程从一开始就和内陆欧亚有千丝万缕的联系。我们只要注意到历代王朝的创建者中有一半以上有内陆欧亚渊源就不难理解这一点了。可以说,今后中国史研究要有大的突破,在很大程度上有待于内陆欧亚史研究的进展。

古代内陆欧亚对于古代中外关系史的发展具有不同寻常的意义。古代中国与位于它东北、西北和北方,乃至西北次大陆的国家和地区的关系,无疑是古代中外关系史最主要的篇章,而只有通过研究内陆欧亚史,才能真正把握之。

内陆欧亚历史文化研究既饶有学术趣味,也是加深睦邻关系,为改革开放和建设有中国特色的社会主义创造有利周边环境的需要,因而亦具有重要的现实政治意义。由此可见,我国深入开展内陆欧亚历史文化的研究责无旁贷。

为了联合全国内陆欧亚学的研究力量,更好地建设和发展内陆欧亚学这一新学科,繁荣社会主义文化,适应打造学术精品的战略要求,在深思熟虑和广泛征求意见后,我们决定编辑出版这套《欧亚历史文化文库》。

本文库所收大别为三类:一,研究专著;二,译著;三,知识性丛书。其中,研究专著旨在收辑有关诸课题的各种研究成果;译著旨在介绍国外学术界高质量的研究专著;知识性丛书收辑有关的通俗读物。不言而喻,这三类著作对于一个学科的发展都是不可或缺的。

构建和发展中国的内陆欧亚学,任重道远。衷心希望全国各族学者共同努力,一起推进内陆欧亚研究的发展。愿本文库有蓬勃的生命力,拥有越来越多的作者和读者。

最后,甘肃省新闻出版局支持这一文库编辑出版,确实需要眼光和魄力,特此致敬、致谢。

余太山

2010 年 6 月 30 日

2

前　言

用自然科学方法来研究东欧斯基泰时期的有色金属生产,在科学研究中至今仍不多见。不过这些方法可以提供有价值的,有时甚至出人意料的结果。其中有色金属器的光谱分析法可以使我们重新认识冶金史问题,发现不同文化地理区域之间的相互联系和相互影响,了解它们的金属器之间的相似和不同,寻找金属器的传播路线。

本书借助光谱分析法研究了第聂伯河左岸森林草原地带的有色金属器。目前,这片区域出土了数量较多的一批年代为公元前 7 至前 4 世纪的金属器;在苏拉河流域和沃尔斯克拉河流域,随葬品丰富的墓地尤为集中,它们出土了大量的斯基泰时期的有色金属器。

这项研究的成果就是建立了一个有色金属生产的发展脉络,时间前后跨越将近四百年,并揭示了它的阶段发展过程。有色金属生产的研究是极其复杂的。我们看到,由于脱离了采矿中心和冶炼区域,它受到了来自东方(乌拉尔—哈萨克斯坦)、东南方(高加索)以及西南方(喀尔巴阡山脉和巴尔干)的影响。因此,本书引用了同时期不同地区的金属器资料,以保证结论具有足够的可信度。

为了进行本项研究,作者广泛收集了样品,其中包括国家历史博物馆、爱米塔什国家博物馆、基辅历史博物馆和波尔塔瓦历史民俗博物馆的藏品。在收集资料过程中,一些同事给本书作者提供了大量帮助。他们是 М. П. 阿布拉莫娃、Н. А. 波格丹诺娃、Л. К. 加拉宁娜、

·欧·亚·历·史·文·化·文·库·

И. И. 罗曼纽克。

在本书写作和准备出版的过程中，A. И. 梅柳科娃和 B. Г. 彼得连科提供了宝贵的建议，提出了一系列有益的批评性意见。借此机会向他们表示我最诚挚的谢意。

特别想感谢我的导师 E. H. 契尔内赫，他不仅教会我新的研究金属的方法，而且总是慷慨地与我分享他的知识和想法。

作者

目 录

1 研究史

　　乌克兰森林草原地带的斯基泰时期遗址最为完整地反映了斯基泰时期的物质文化。有关研究见于各种专著和学术论文。对本书而言,最让人感兴趣的莫过于有关第聂伯河左岸森林草原地带遗址的研究著作。其中我们应该提到 В. А. 伊林斯卡娅所做的关于苏拉河流域遗址的研究,Г. Т. 科夫帕年科和 Б. А. 什拉姆科所做的关于沃尔斯科拉河流域遗址的研究。这些斯基泰研究学者描述和探讨了斯基泰社会的物质文化、社会关系和社会制度,与周邻文化的相互关系,复原了斯基泰人鲜活的历史和生活。他们也投入了不少精力关注斯基泰时期的经济活动的各个方面。一些大型专著和论文或多或少谈到了斯基泰时期的有色金属生产。Г. Т. 科夫帕年科[1]在他的书中简短地描述了金属生产;В. А. 伊林斯卡娅[2]在她的综合性著作中并没有分出专门的一章,只是提到了这个问题。更为详细的关于斯基泰金属生产的论述见于 Б. Н. 格拉科夫的一些论文,以及专著《卡门斯科耶城址》和《斯基泰人》[3]。Б. А. 什拉姆科在许多成果中专门讨论了有关斯基泰时期的东欧森林草原部落的青铜制造作坊的组织和青铜制造技术[4]。上述著作的主要缺点表现为资料的不连贯性和分析数据的不足,往往在资料和数据不充分的基础上就得出重要结论。个别文章发表了少量的箭头、装饰品、镜和马辔饰的成分分析,但是因为缺乏完整的资料和光谱分析数据表,很难划分人工合金组,作者也很难划

〔1〕Ковпаненко Г Т,1967.

〔2〕Ильинская В А,1968.

〔3〕Граков Б Н,1930;Граков Б Н,1948;Граков Б Н,1954;Граков Б Н,1971.

〔4〕Шрамко Б А,1965;Шрамко Б А,1970;Шрамко Б А,1971;Шрамко Б А,1973.

定杂质成分的范围。他们指出,锡、铅、锌是铜合金的主要成分[1],但是近年来对铁器时代早期和全盛时期的有色金属的研究表明,锌作为合金成分并没有出现在斯基泰时期。锌合金的大量出现是在公元后的几个世纪以后[2]。同样不太可靠的结论是Б. A. 什拉姆科提出的合金中人工添加锡的含量必须在10%以上[3];不过他的其他著作把锡含量在2%~8%之间的器物也算作合金[4]。争议最大的是他的"别利斯克城址的工匠在当地开采有色金属"的结论[5]。对于这样的结论结果,至今为止不仅没有什么金属分析数据,而且没有考古资料可以确证。Б. A. 什拉姆科对部分有色金属器物(例如马镳部件)的光谱分析是一次重要的尝试,但是由于一些令人遗憾的错误,他得出的结论并没有多大价值。比方说,在谈到公元前6世纪的新技术时,他把公元前5世纪甚至是公元前4至前3世纪墓葬(沃尔科夫齐1号墓,茹罗夫卡414号墓)出土的器物也归入其中。Б. A. 什拉姆科根据金属工艺来研究金属器的来源问题所得的结论既不清楚,也不能令人信服。他认为金属器是从古典城市的作坊进口过来的;他还认为"斯基泰部落所用的金属器大部分出自森林草原地带的工匠之手"[6]。

关于古典城市与森林草原部落之间的贸易和影响问题,C. И. 卡波什娜娅[7]、B. M. 斯库德诺瓦娅[8]、Б. H. 格拉科夫[9]在他们的著作中已经屡次探讨过了。

近年来最重要的成果要数 H. A. 奥奈科的研究了[10]。她根据器

〔1〕Граков Б Н,1930,79 页;Граков Б Н,1948;Граков Б Н,1954,115 页;Шрамко Б А,1965,319、324 页;Шрамко Б А,1965,20 页;Шрамко Б А,1971,97 - 99 页;Шрамко Б А,1973,102 页.

〔2〕Барцева Т Б,Вознесенская Г. А.,Черных Е Н,1972,56 - 59 页.

〔3〕Шрамко Б А,1971,97 - 98 页.

〔4〕Шрамко Б А,1965,21 页.

〔5〕Шрамко Б А,1971,99 页;Шрамко Б А,1973,100、101 页.

〔6〕Шрамко Б А,1971,99 页,脚注 63.

〔7〕Капошина С И,1956.

〔8〕Скуднова В М,1962.

〔9〕Граков Б Н,1947.

〔10〕Онайко Н А,1966a,图 7;Онайко Н А,1970,图 16、18.

物的特点,确定了城市金属雕塑者之手,由此绘制出城市金属器进入第聂伯河流域的路线图(在这里我们感兴趣的是有色金属)。 H. A. 奥奈科承认,属于武器、马具、镀、简单铜镜和装饰品的大部分器物都是斯基泰人在当地生产的,但是制作精巧的大部分器物,她认为是博斯普尔周围的作坊生产的[1]。以目前的知识水平,在没有科学分析数据的情况下,来讨论城市中心的金属生产,并得出博斯普尔的作坊主导了大多数浮雕艺术品的生产这样的结论,听起来证据并不充分。

A. И. 什库尔科研究了森林草原地带斯基泰人的动物风格青铜器,又研究了一些器物在艺术表现手法上的区别。根据它们的地域分布,他提出了两个独立的生产中心:一个是第聂伯河的森林草原地带;另一个是顿河中游的地方性变体[2]。对于作者的主要观点我没有异议,只想指出:A. И. 什库尔科认为繁缛的杆头饰和象征权力的斧是在苏拉河流域生产的,但是光谱分析的结果表明这一结论是不正确的,至少一些早期器物不是[3]。斯基泰时期的一种独特的动物纹泡,其中"动物低着头,好像在吻前蹄",A. И. 什库尔科说它们是当地生产的,这个结论也太仓促。现在没有对有色金属的专门研究,而只依靠器物的风格特征来讨论生产中心已经不行了。在这方面 A. И. 什库尔科是对的,他讽刺 B. A. 伊林斯卡娅说,"并没有什么实质的证据说明'苏拉河流域冢墓出土的所有具有高度艺术性的青铜马具都产于博斯普尔'"[4]。

进入铁器时代以后,铜及其合金退居第二位。不过在东欧大部分地区,尽管有色金属冶炼和加工经历了重要变化,但是它们在古代社会的生活和经济中继续扮演着重要的角色。

20 世纪 60 年代以来,利用光谱分析数据来研究有色金属开展得

---

〔1〕指的是盘形镜、带蜷曲野兽的泡、来自加夫里洛夫卡等地的镜柄;Онайко Н А,1966,171、172 页.

〔2〕Шкурко А И,1969;Шкурко А И,1975;Шкурко А И,1976.

〔3〕Шкурко А И,1976,92、98 页.

〔4〕Шкурко А И,1976,98 页;Ильинская В А,1968,120 页.

如火如荼。其中 E. H. 契尔内赫[1]、C. H. 科列涅夫斯基[2]对早期金属时代研究做了很多工作。对于铁器时代金属器的研究也已经开始[3]。但是对于斯基泰人和他们的邻居——乌克兰森林草原部落——的有色金属冶炼和加工,到现在还没有人做过研究。需提请读者注意的是,本书尝试以光谱分析法为基础来研究斯基泰时期的有色金属,这样可以更为清晰地揭示生活在第聂伯河左岸森林草原地带的部落所从事的经济活动。

1.1 第聂伯河左岸有色金属器的特征和收集

出土有色金属器最集中的,包含有不同阶段的,是分布在苏拉河流域和沃尔斯科拉河流域的武士墓地。它们将是本书研究的主要基础。还有一些样品作为分析的补充资料,它们分别来自第聂伯河台地的森林草原地带,即原罗缅县、波尔塔夫辛纳,以及 Б. А. 什拉姆科在别利斯克城址的发掘品。经统计,分析样品共有 604 件,其中 220 件来自沃尔斯科拉河流域的遗址,384 件来自苏拉河流域的墓葬和采集品(图 1-1)。

金属器的种类分布很不均匀,根源在于各个区域出土的有色金属器的种类不均匀。例如,苏拉河流域公元前 6 至前 4 世纪的器物有马镳、祭祀用刀、杆头、权杖、防护盔甲、箭头、镜、镦、艺术造型容器以及装饰品——耳环、别针、手镯;沃尔斯科拉河流域的遗址中通常只出土箭头、各种装饰品、镦及其残片。偶尔会遇到镜(锡合金)和马镳,完全没有发现祭祀用刀和权杖。

本书所分析的两个区域的金属器的时间分布也不均衡(表 1-1)。

对两个区域的比较研究结果来说, 数量最多的时间段要数早期的

---

〔1〕Черных Е Н,1966;Черных Е Н,1970;Черных Е Н,1976.

〔2〕Кореневский С Н,1975.

〔3〕Черных Е Н, Барцева Т Б,1969; Барцева Т Б, Вознесенкая Г А, Черных Е Н,1972; Барцева Т Б,1974;Кузьминых С В,1977;Кореневский С Н,1977;Кузнецова Э Ф,1976.

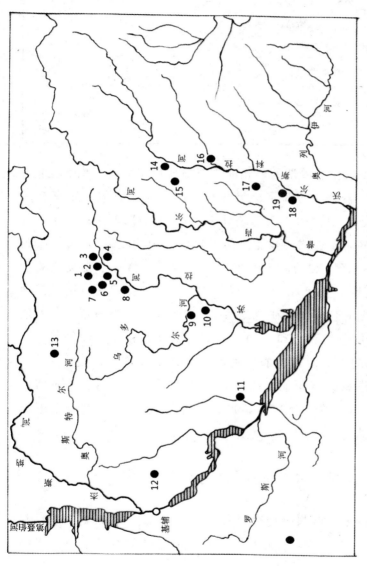

1. 沃尔科夫卡齐,大布坚墓;2. 罗姆内;3. 阿克休京齐;4. 格拉西莫夫卡;5. 波波夫卡;6. 亚尔莫林齐;7. 巴索夫卡;8. 苏尔马切夫卡;9. 波斯塔夫穆基;10. 卜卜内;11. 佩夏诺耶;12. 先科夫卡;13. 博尔兹纳;14. 格利尼谢;15. 别利斯克;16. 利哈切夫卡;17. 马丘希;18. 布坚墓;19. 苏季夫卡

图1—1 第聂伯河左岸森林草原地带金属器分布图

表1-1　苏拉河流域—沃尔斯科拉河流域金属器在不同时期的分布情况

年代	苏拉河流域	沃尔斯科拉河流域	总计
公元前7世纪与公元前6世纪之交	—	—	—
公元前6世纪,公元前6世纪与公元前5世纪之交	125	64	189
公元前5—前4世纪	181	85	266
公元前4—前3世纪	78	71	149
总计	384	220	604

公元前6至前5世纪和晚期的公元前4至前3世纪。公元前5至前4世纪遗址出土的器物在苏拉河流域数量最多。我们收集的所有金属器样品用考古研究中常用的数学统计方法进行了处理[1]。统计结果与其他地区的同时期遗物的数据进行了比较。为达此目的,我们收集了南乌拉尔(奥伦堡)和哈萨克斯坦西北的索罗马特—塞克文化的遗址(公元前7至前5世纪)的出土资料。除了这些,我们还引用了其他地区斯基泰时期有色金属的研究结果,这些地区是中亚的乌兰固木地区的墓地(B. B. 沃尔科夫和C. H. 科列涅夫斯基收集)、库班河北岸和斯塔夫罗波尔的墓地(红旗农庄附近,B. Г. 彼得连科发掘)[2]。来自第聂伯河右岸森林草原地带和草原地带的斯基泰时期的金属器数量不多。因此,本书总计使用了1500多个分析数据,在此基础上形成了本书的主要结论。

1.2　本书的研究方法和结构

本书利用的丰富资料,使我们得以提出并解决了一系列问题。其中比较重要的有:(1)第聂伯河左岸森林草原地带的有色金属加工的

---

〔1〕Черных Е Н,1966;Черных Е Н,1970;Черных Е Н,1976. Барцева Т Б,Вознесенская Г А,Черных Е Н,1972.

〔2〕Барцева Т Б,1974a;ИА АН СССРI 光谱分析研究室资料.

基本特征;(2)它的位置与同时期其他区域的产品的关系——共同和差异之处;(3)森林草原地带有色金属加工的阶段性发展进程。对第聂伯河左岸森林草原地带的器物我们是分种类研究的,各类器物按照不同时期分别予以分析。然后我们根据时代特征将器物汇总起来,这样我们就可以描绘出这一区域所有金属加工生产的阶段性发展过程。苏拉河流域的器物群是分"器类—化学冶金组"来研究的,这样我们就可以分组,一方面根据它们的形态特征,另一方面反映它们的化学冶金特征。

在本书的主要内容之前是简短(资料性)的一部分,考察了前斯基泰时期的有色金属器。这一部分之所以不可或缺,是因为它们的过渡性质:它们既延续了青铜时代晚期的金属生产,又预示着一个古代社会发展的新阶段——也就是铁器时代——的到来。

2　前斯基泰时期的金属

2.1　器物综述和简明特征

随着铁器时代的来临,铜及其合金产品的生产技术发生了很大的变化。有色金属器数量减少,同时使用的材料改变。主要的工具和武器开始用铁锻造,青铜则继续用于制造马辔部件、装饰品、部分容器、祭祀用权杖和箭头。

在第聂伯河左岸森林草原地带,目前还没有发现前斯基泰时期的过渡性遗址,这样我们就无法讨论这片区域内斯基泰时期文化形成的本地来源问题。[1]这样我们就很难说清楚斯基泰时期有色金属加工的可能发源地,也就无从比较该地区前斯基泰时期和斯基泰时期的生产情况。我们所掌握的前斯基泰金属基本上来自第聂伯河右岸的森林草原地带(扎波京、索菲耶夫卡、波德戈尔齐、扎列夫基、扎库京齐、格里申齐、卡涅夫周围和卡涅夫县)、第聂伯河中游地区(康斯坦丁诺夫卡、基辅的偶然采集品、戈洛维基诺、奥西尼日基)以及第聂伯河流域和北顿涅茨的草原地带(卡梅舍瓦哈、高墓,图2-1-1、2-1-2、2-1-3、2-1-4、2-2)。我们所分析的样品中,出自第聂伯河左岸森林草原地带的只有布坚基出土的一批金属器(图2-1-1:1—5;图2-1-2:1、2、4、6)。经过光谱分析的器物有马辔配件、泡、扣饰、手镯、别针、箭头、短剑和复合金属剑柄,还有兽形柄桶形容器。这些器物使我们得以了解乌克兰境内前斯基泰时期的有色金属加工情况。

---

〔1〕Тереножкин А Н,1961;Тереножкин А Н,1976;Ильинская В А,1968;Ильинская В А,1975.

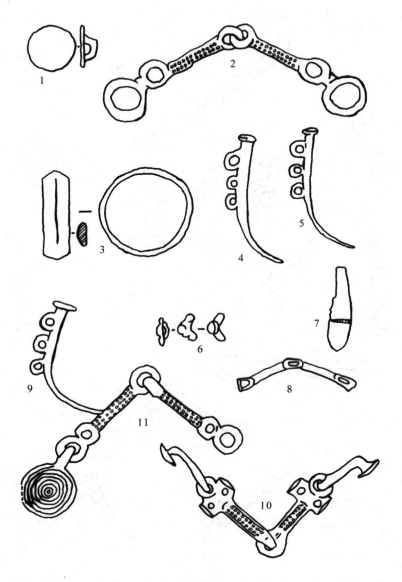

1—5.布坚基;6—8.卡梅舍瓦哈;9.亚布卢诺夫卡;10.维索卡亚莫吉拉;11.第
聂伯河中游地区

图 2－1－1　前斯基泰时期金属器来源汇编图

·欧·亚·历·史·文·化·文·库·

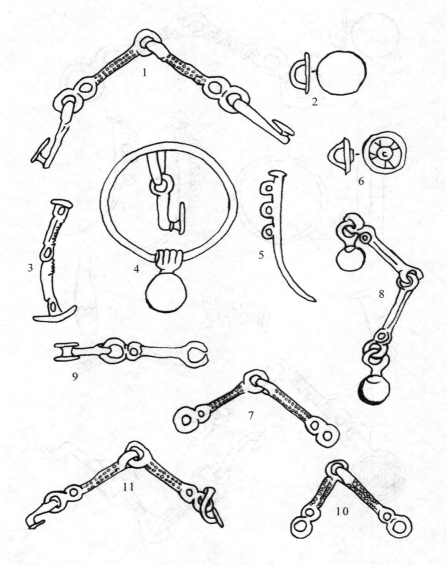

1、2、4、6.布坚基;3.卡梅舍瓦哈;5.切尔卡斯州;7、9.莫什内;8.扎博京;10.扎列夫基;11.康斯坦丁诺夫卡,375 号冢

图 2-1-2 前斯基泰时期金属器来源汇编图

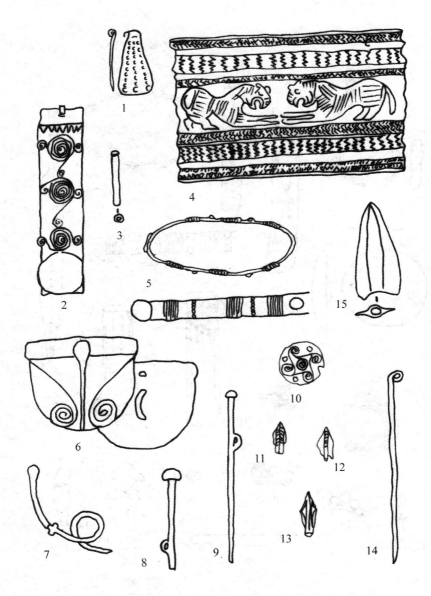

1、3.扎列夫斯基；2、5.卡涅夫斯基县；4.波德戈尔齐；6—9、14.第聂伯河中游地
区；10.奥西特尼亚日卡；11—13.维索卡亚莫吉拉；15.布杰什特

图2-1-3 前斯基泰时期金属器来源汇编图

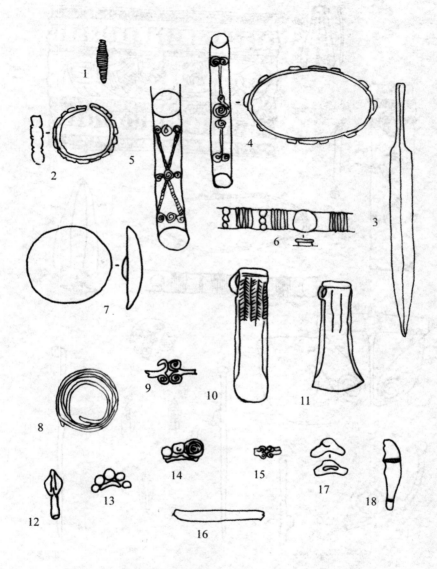

1、2.扎列夫基；3、16、18.维索卡亚莫吉拉；4.扎库京齐；5.卡涅夫斯基县；6.格里申齐；7—11、13—15、17.第聂伯河中游地区；12.布坚基

图2-1-4　前斯基泰时期金属器来源汇编图

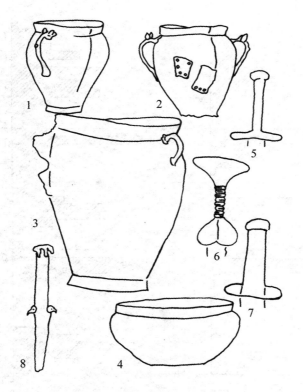

1、2. 扎博京;3. 康斯坦丁诺夫卡,ⅩⅤ号冢;4. 扎列夫基;5. 戈洛维亚基诺;
6. 索菲耶夫卡;7. 第聂伯河中游地区;8. 基辅

图2-2　前斯基泰时期金属器来源汇编图

2.2　铜和青铜的主要类型

　　前斯基泰时期金属的光谱分析数据显示了若干不同的冶炼和原料组。[1] 这表现在几种主要元素——包括锡、铅、铋、银、锑、砷、镍、钴含量的频率直方图上的多峰和不对称特征上(图2-3)。锡和铅的含量之间有着稳定的共存关系,在高峰值区域(百分之几)表现得尤为明显,无论是这两种元素之间的组合,还是与其他元素(锑—砷型)的组合。它们形成了以铜为基体的多元素人工合金,被古代工匠加工成铜

――――――――――

〔1〕苏联科学院考古研究所光谱分析研究室资料.

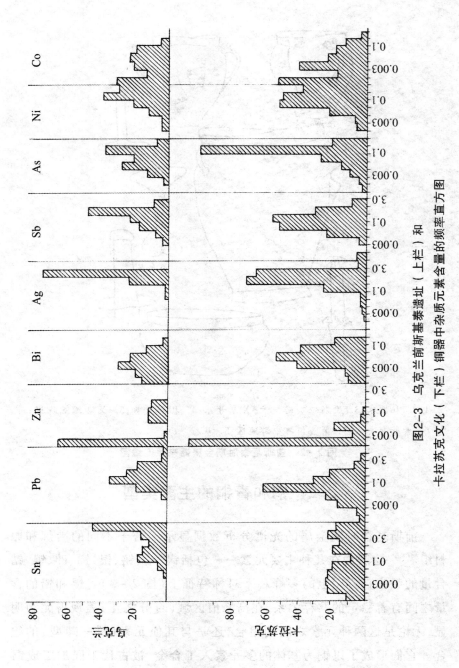

图2-3 乌克兰前斯基泰遗址（上栏）和
卡拉苏克文化（下栏）铜器中杂质元素含量的频率直方图

锡合金、铜锡铅合金、铜锡铅砷合金、铜锡砷合金、铜砷合金、铜锡锑合金。偶尔可以见到很少添加其他元素的纯铜器物[1]。

本书所研究的前斯基泰时期的金属器,其合金类型所占比重如下(图 2 - 4)。比重相当的合金是锡青铜和锡砷青铜(达到 27%),比它们低很多的是砷青铜(占 14%)、锡铅砷青铜(14%)、锡铅青铜(10%)和纯铜(9%)。复杂的铜锡锑三元合金(3%)数量极少,虽然在我们分

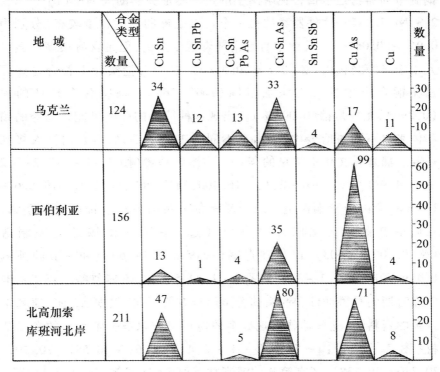

图 2 - 4　乌克兰(前斯基泰时期)、西伯利亚(卡拉苏克时期)、北高加索和库班河北岸(原苗特人时期)金属器物中铜合金类型分布特征比较图

[1]各种合金的特征:纯铜,所有其他元素的含量和≤0.3%;铜锡合金,其中锡的含量≥0.5%,所有其他元素的含量和≤0.3%;铜锡铅合金,其中锡的含量≥0.5%,铅的含量≥0.5%,锡的含量≥铅的含量;铜锡砷合金,其中锡的含量≥0.5%,砷的含量≥0.5%,锡的含量≥砷的含量;铜锡铅砷合金,其中锡、铅、砷的含量≥0.5%,锡的含量≥铅的含量和砷的含量;铜砷合金,其中砷的含量≥0.5%,所有其他元素的含量和≤0.3%;铜锡铅合金,其中锡的含量≥0.5%,铅的含量≥1%,铅的含量≥锡的含量.

·欧·亚·历·史·文·化·文·库·

析的人工合金中添加大量锑(百分之零点几)的情况十分普遍。不同种类的器物所用的合金类型差异也相当显著。最小的一组器物群来自黑森林文化,其中有窄单耳斧、带复杂纹饰的宽体手镯,还有出自卡梅舍瓦哈的马衔部件。按照 A. И. 捷列诺日金的分类,它们属于黑山阶段[1]。这些器物中突出的合金类型是砷青铜,占到一半(50%),其次是锡砷青铜(占 36%),铜锡合金和纯铜仅占 7%。唯一一件由锡青铜制造的器物是卡梅舍瓦哈出土的带有帽形突起的大马镳(图 2 – 1 – 2:3,№17.267),这件器物的另一个特点是镍和钴的含量较高(分别为0.9% 和 0.06%)。马镳本身是由砷青铜制造的,但是含有很高的微量元素锡、锑和铅(0.6%、0.8%、0.5%)。这些含量实际上符合这些元素在铜合金中的人工添加范围(№17.266)。马镳含有较低的镍(0.2%),尤其是钴(0.003%)。出现这种情况的原因可能是马镳的帽和体来自不同的冶金中心,出自不同的工匠之手,然后它们被人接到一起。黑森林文化中常见的斧、刀、马镳和马嚼(图 2 – 1 – 1:7、8;图 2 – 1 – 4:9、10;图 4 – 6 – 2:1,№16.400;№17.268、17.269;№19.606—19.608)全由砷青铜制造。材质较多的是带有各种纹饰的宽体手镯,它们在黑森林文化以外没有出现过。它们多由锡砷青铜制造(№19.600、19.603),但是砷青铜(№19.599、19.602)和一般的纯铜(№19.601,图 2 – 1 – 3:2、5;图 2 – 1 – 4:5、6)也不容忽略。新切尔卡斯克时期的马衔部件和箭头的合金组合有所不同(根据 A. И. 捷列诺日金的资料)。这些器物出现最多的地点是波尔塔夫希纳河的布坚基村(图 2 – 1 – 1:1—5;图 2 – 1 – 2:1、2、4、6;№20.581—20.598、20.730—20.738),还有第聂伯河森林草原区域(图 2 – 1 – 1:9、11;图 2 – 1 – 2:7、9、11;No. 17.207—17.208;№19.583—19.584;№19.594、19.595、19.610、19.637)。现在数量居第一位的是锡青铜(占 37%),锡砷青铜略少(占 31%)。砷青铜的比例降至 17%,纯铜仅为 9%。出现了几种新型合金,为早期所不见,不过比例也不高(占 3%)。它们是

---

[1]Тереножкин А И,1976.

锡铅青铜和锡铅砷青铜。正如考古文献已经指出的[1],布坚基的合金组成与北高加索的原苗特遗址的金属器相近,那里大概是它们的发源地。但是我们比较了库班河流域和第聂伯河流域新切尔卡斯克时期的遗址出土的金属器之后,发现它们的化学冶金特征并不完全对应。乌克兰的金属器的独特之处在于锡青铜的含量更高,库班河流域金属器中比例很高的砷青铜和砷锡青铜的比例在这里有所降低[2]。库班河流域的金属器中不见添加铅的合金以及纯铜(图2-5)。这样的矛盾让我们不得不怀疑类型接近的马辔部件是否为一个冶金中心生产。从一定的风格相似程度来看,很有可能草原地带发源的金属加工技术,到黑森林文化的最后阶段时,在我们比较的各个地区萌发出自己的生产作坊[3];他们形成了自己的技术传统,拥有一定的销售范围。上面指出的两个时期金属器的化学冶金方面的区别,既反映了时间上的变化,也反映了黑海北岸古代居民与周围世界的联系和相互作用的全方位的变化。与高加索生产中心有关系的通常是薄壁桶形容器,把手为兽形,头部为带耳兽头。我们分析了两件容器(4个分析点):一件来自扎波金村;一件来自康斯坦丁诺夫卡(图2-2:1、2,№19.727、19.760、19.761)。关于高加索容器的成分,只有 Е. И. 克鲁普诺夫给出了一些零星的资料[4],使得我们无法进行任何类似的比较。扎波金的容器由含有少量砷的纯铜制造(砷的含量由0.2%到0.6%),康斯坦丁诺夫卡的容器由低锡青铜制造,锡的含量不高于2.0%。

我们需要特别注意在扎列夫卡村偶然发现的青铜容器窖藏。这里出土各种不同用途的器物:马具、金属锭、各种造型的垂饰、串珠、手镯和器壁最薄的钵(图2-1-2:10;图2-1-3:1、3;图2-1-4:2;图2-2:4;№19.609—19.621)。这批窖藏器物的多样性也反映在它们的化学冶金组成上。其中不少器物(13件中的5件)是由高锡青铜

〔1〕Ковпаненко Г Т,1962;Граков Б Н,1971;Граков Б Н,1977.

〔2〕Барцева Т Б,1974а,рис. 15.

〔3〕Граков Б Н,1977,рис. 179.

〔4〕Крупнов Е И,1952.

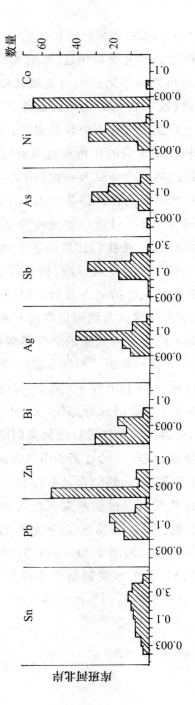

图2-5 库班河北岸由青铜时代向铁器时代过渡阶段的
铜器中杂质含量的频率直方图

（№19.609、19.616、19.618—19.620）和锡锑青铜（№19.613、19.614）
制造的。我们发现了两种复杂组成的合金：一种里面添加了铅
（№19.615、19.617）；另一种是砷青铜（№19.610、19.611）。我们不能
不说一些器物，特别是由添加了铅的合金制造的，还含有较高的（百分
之零点零几到百分之零点几）铋、镍、钴。我们想指出的是，波德戈尔
齐的一件刻划纹饰的青铜臂钏的化学冶金成分非常特别（图 2－1－3：
4；№19.605）。它由高锡青铜制造，同时含有微量的锑、高含量的镍和
钴。在我们所研究的前斯基泰时期的器物中，这件波德戈尔齐臂钏的
金属成分是独一无二的。有人认为这件器物是外高加索工匠的产
品[1]。目前我们的研究还很难证实这个观点，因为还没有对南方的金
属器做过研究。但是从这件器物独特的铜料看，它肯定是外来的。化
学冶金成分相当一致的是第聂伯河中游地区几个地点出现的一批马
辔上的大型铜泡（图 2－1－3：6、7；№19.585—19.593）。经过我们的
分析，它们的成分都是复杂的铜锡铅合金，并含有较高含量的锑、铋、镍
和钴，表明有统一的生产中心或者出自同一批工匠之手。双金属短剑
的青铜柄的金属各不相同。关于第聂伯河中游地区出土的前斯基泰
时期的双金属短剑，不少论文都做过论述[2]。我们分析了第聂伯河中
游地区采集的 5 件（9 个分析点）（图 2－2：5—8，№19.604、19.667—
19.669）和草原地带高墓 5 号墓出土的 4 件器物（图 2－1－4：3，
№19.979）。所有的短剑都是由复杂的铜合金制造的，里面添加了砷、
锡和铅，只是比例有所不同。这些器物还含有较多的铋（百分之零点
零几），以及百分之零点几的镍和部分钴。

其中几件短剑（图 2－2：5、7、8），从它们的形态特征和化学冶金特
征来看，与卡拉苏克文化的器物最为接近。那里很有可能是生产这类
器物的中心。其他器物，和乌克兰的器物相比，与北高加索的短剑的金

---

[1]Тереножкин А И,1976.

[2]Тереножкин А И,1976；Козенкова В И,1975；Тереножкин А И,1975；Членова Н Л,
1975.

·欧·亚·历·史·文·化·文·库·

属柄的化学冶金特征接近[1]。这些铜器的化学成分实际上不含铋和钴,镍的含量也不高于 0.01%。它们的主要合金——锡砷青铜也不添加很多的铅。这样的区别极有可能说明它们产于不同的生产中心。

2.3 前斯基泰阶段的有色金属加工的起源及其与其他地区同时期生产中心之间的关系

根据主要的化学冶金特征,乌克兰前斯基泰阶段的金属器,与库班河北岸原苗特遗址出土的器物不同。在古代黑森林文化和黑海北岸的早期游牧文化的金属器中,锡青铜的比重较高,锡铅青铜的比重尤其高。锡铅青铜在原苗特器物中完全不存在(见图 2 - 4)。

我们所比较的材料中更为本质的区别在于原料的成分。库班河北岸的金属器(图 2 - 3:6)含有低浓度的铋(百分之零点零零几)和银(百分之零点零几)。而我们所分析的乌克兰金属器则普遍含有铋,平均含量为百分之零点零几(0.01% ~ 0.1%),有时候能达到百分之零点几(0.1% ~ 0.3%)。银的含量在百分之零点零几到百分之零点几范围内(0.03% ~ 0.3%),其中银含量在 0.1% ~ 0.3% 范围内的金属器多出银含量范围为 0.03% ~ 0.10% 的器物许多。银含量为百分之零点零零几(0.003% ~ 0.01%)的金属器实际上不存在。库班河北岸的金属器中,锑和砷的含量范围在百分之零点几到百分之几,镍的含量不高于百分之零点几。乌克兰的金属器中镍的含量主要在百分之零点几甚至到百分之几之间徘徊,砷的含量往往很低(0.01% ~ 0.3%),锑的含量为百分之零点几到百分之几(0.3% ~ 3%)。库班河流域金属器最主要的特点是不含钴,其含量不高于 0.001%(最高达到0.003%)。黑海沿岸的情况则不同,钴元素的含量较高,集中在百分之零点零几(0.01% ~ 0.3%)。两个地区金属器的比较结果表明,每个地区的金属加工生产都有自己的传统,都是在不同基础上形成的。看起来,在前斯

---

[1]Барцева Т Б,1974a,рис. 16,табл. 1.

基泰阶段库班河流域的工匠与黑海北部的铸工之间联系很弱而且很少。再往前(即青铜时代晚期)看,乌克兰的金属器群与因古尔—克拉斯诺马亚茨基、卡尔达申和扎瓦多沃—洛博伊斯科沃生产中心接近。众所周知,用于制造工具和装饰品的金属,铸工们是从巴尔干—喀尔巴阡山的采冶中心获得的[1]。前斯基泰时期的金属器与因古尔—克拉斯诺马亚茨基、扎瓦多沃—洛博伊斯科沃和卡尔达申金属器之间的区别特别体现在锡、银、砷、镍,尤其是钴的含量频率直方图上,包括它们的最低含量和最高含量。与西部冶金中心重合的地方仅仅表现在锑的含量范围以及较高的铅含量上面。无论如何,前斯基泰时期的金属加工技术的根源不在前一时期的同类生产中心(卡尔达申和扎瓦多沃—洛博伊斯科沃类型)。但是在西伯利亚米奴辛斯克盆地出土的金属器(卡拉苏克青铜器)中我们发现了大量与之相似的金属成分[2](图2-3)。各种微量元素的广泛存在在前斯基泰时期的乌克兰金属器和卡拉苏克金属器中都可以见到。同时我们不能不提到,它们之间几乎所有主要元素——包括铋、银、砷、镍、钴——的含量范围都很接近。但是它们存在相似性的同时也有一些区别。我们比较了锑和砷的含量频率直方图,特别是在低含量区位之后,发现二者有根本的区别。东方的金属器与乌克兰金属器相比,前者的锡含量(0.001% ~0.3%)和铅含量(0.001% ~0.1%)要低很多。

总之,在比较了前斯基泰阶段的有色金属器与其他地区同时期以及更早时期的有色金属器之后,我们发现乌克兰地区前斯基泰时期的有色金属加工业与其他地区的有色金属加工业没有太多的相似性。根据乌克兰与因古尔—克拉斯诺马亚茨基和卡拉苏克金属器存在的个别相似特征,我们可以假设,这些前斯基泰的冶金工匠们受到了来自古代东方和西方最强大的采冶中心的一定影响,似乎正处于他们之间的"过渡地带"。但是这个时期的有色金属加工形成的根源还不清楚,还没有发现它与哪种过渡时期的已知文化完全对应。

---

〔1〕Черных Е Н,1976,с. 178、180、188、192.

〔2〕苏联科学院考古研究所光谱分析研究室资料.

3 第聂伯河左岸金属制品的
化学冶金特征(斯基泰时期)

3.1 铜和青铜的一般分类

在沃尔斯科拉河流域—苏拉河流域遗址铜器(图3-1、图3-2)中的主要特征元素的含量频率直方图上,我们可以看到大部分元素(例如铅、铋、银、锑、砷、镍、钴)的分布都不对称,并且呈现多个峰值。据此我们可以划分出一些化学和冶金组。集中突出的元素配对表,包括锡—铅组、铅—砷组、银—铋组、锑—砷组、镍—钴组、铋—砷组,都很好地证明了这一点。

锡—铅配对表(图3-3:a)显示了几个冶金组。可以明确划分出三组:第一组是高含量的锡(0.5%～10%)与低含量的铅(0.01%～0.5%)的组合;第二组是锡含量不变,铅的含量不同(1%～10%);第三组是锡的含量(0.05%～0.5%)与铅的含量(0.005%～0.2%)都较低,这一组数量不多,没有元素能形成合金。

前面两组是铁器时代的常见配方。(1)锡青铜,锡的含量一定高于铅。人工加入锡的门槛值为0.5%,而铅的含量≤0.5%。(2)锡铅青铜,即第二种配方,分布于沃尔斯科拉河流域和苏拉河流域的器物群中。其特点是有时锡的含量高于铅,有时两种元素含量相当。人工添加锡的门槛值与锡青铜相同,而铅的门槛值在0.5%～1%之间,但是更接近于1%。在极少数情况下,特别是在晚期的铜镞中,我们发现铅的含量大于锡,而锡的含量不高于0.3%。这一数量不多的人工合金组在斯基泰时期的金属加工中不扮演主要角色。(3)"纯铜"组,数量不多。它没有合金成分,所有杂质元素的含量和不超过0.5%,没有

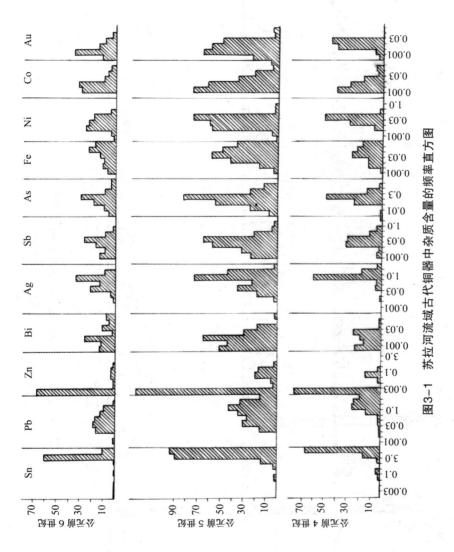

图3-1　苏拉河流域古代铜器中杂质含量的频率直方图

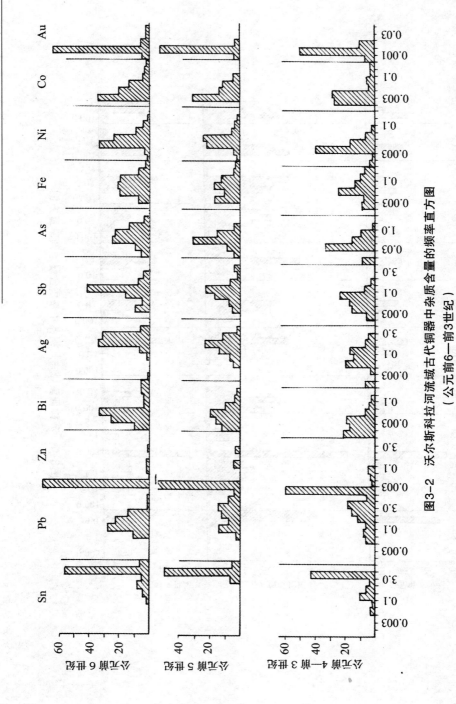

斯基泰时期的有色金属加工业——第聂伯河左岸森林草原地带

图3-2 沃尔斯科拉河流域古代铜器中杂质含量的频率直方图

（公元前6—前3世纪）

达到有效的界限(图 3 - 3：a)。

另一组元素即铅—砷、锡—砷组配对表说明，在主要的合金组中还可以划分出一个小组，其中锡、砷，有时候包括铅，构成复杂的以铜为基体的锡—砷合金或者锡—铅—砷合金(图 3 - 3：б)。

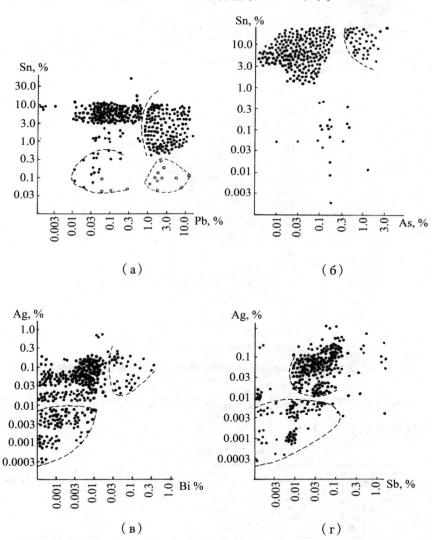

（a）　　　　　　　　　（б）

（в）　　　　　　　　　（г）

a：Sn—Pb；б：Sn—As；в：Ag—Bi；г：Ag—Sb；

图 3 - 3　苏拉河流域—沃尔斯科拉流域铜器中一些元素含量之间的相互关系

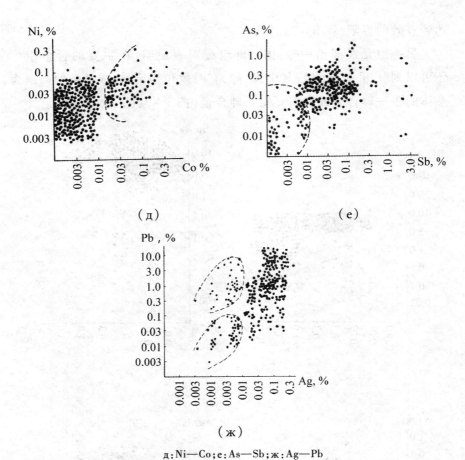

（д）

（е）

（ж）

д:Ni—Co;e:As—Sb;ж:Ag—Pb

续图3－3　苏拉河流域—沃尔斯科拉流域铜器中一些元素含量之间的相互关系

　　从数量上看,上述的冶金组在第聂伯河左岸按时间段划分出的两个区域有所不同(表3－1)。

表3－1　不同时期冶金组的分布

时间 （公元前）	数量	Cu	Cu＋Sn	Cu＋Sn ＋Pb	Cu＋Sn ＋Pb＋As	Cu＋Sn ＋As	Cu＋Pb
6 世纪	189	8（4％）	120（64％）	40（21％）	17（9％）	4（2％）	—
5 世纪	266	7（3％）	134（50％）	125（47％）	—	—	—
4 世纪	149	4（3％）	21（14％）	114（77％）	—	—	10（6％）
总计	604	19（3％）	275（46％）	279（46％）	17（3％）	4（0.6％）	10（1.4％）

从表 3 - 1 可以看到,早期的主要配方应该是铜锡合金(占 64%)。锡铅青铜的比例比较小,仅占 21%;还有数量更少的"纯铜"配方组(占 4%),以及添加砷的复杂合金(9% 和 2%)。到公元前 5 世纪,铜锡铅配方的比例开始上升(达到 47%),锡青铜的比例降到 50%,不过比例仍然很高,地位仍然显著。在公元前 4 至前 3 世纪,出现锡青铜(14%)被锡铅青铜(77%)代替的趋势。此时出现了新型的铜铅合金,不过这种合金的比例不高(6%)。"纯铜"配方的比例继续降低(占 3%)。

对第聂伯河左岸地区而言,更为复杂的是原料来源问题,因为当地没有这些东西。大部分直方图的不对称性和多峰值表明,沃尔斯科拉河流域和苏拉河流域的金属器的化学组成非常多元。在铅—银组、银—铋组、锑—银组、锑—砷组的配对表(图 3 - 3:ж、в、г、е)中,可以看到一组的所有元素的含量频率都比较低(银为百分之零点零零几和百分之零点零零零几,锑为百分之零点零零几,砷为百分之零点零零几,铋为百分之零点零零几,铅为百分之零点零零几到百分之零点零几)。由于一些元素的贫乏,这一组与属于伏尔加—乌拉尔河流域的 EУ 化学组最为接近[1]。我们暂时把这样的化学组称为"东方组",用字母"B"表示。可以归入"B"组的器物还有一小批(参阅"杖头"、"镜",图 4 - 13:a),它们的化学特征类似于南西伯利亚甚至是中亚的金属器(参阅铋、砷的含量频率直方图,图 2 - 3)。这一组器物的特征是高含量的铋(百分之零点零零几、百分之零点几)与百分之零点零几到百分之几的砷共存(图 3 - 4)。在镍—钴的配对表中(图 3 - 3:д)可以分出主要的但数量并不突出的一组,其镍和钴的化学数据(百分之零点零零几到百分之零点零几,从 0.01% 到 0.3%)最接近属于西南诸州的 ПБ 类型和 KT 类型的化学组成[2]。与之不同的是,这种金属中的镍的含量更低些(多数为百分之零点零零几)。

根据钴的化学指标,我们暂时称这一组为"西方组"(准确地说是

〔1〕Черных Е Н,1970,рис.23,24.

〔2〕Черных Е Н,1976,рис.3,6 - 8.

西南组），用字母"3"表示（图3－4）。

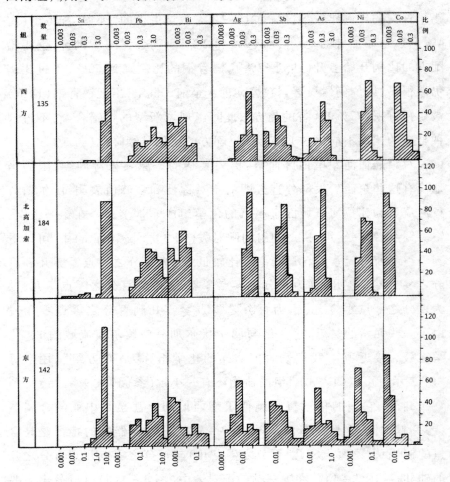

图3－4　第聂伯河左岸森林草原地带金属器主要化学组的总频率直方图

在"东方组"和"西方组"这两个完全相反的金属组（或者因为化学成分极为贫乏的，或者因为镍和钴的含量较高）中，可以分出一组，其化学特征非常接近北高加索地区的金属器，也就是我们为了便于研究分出来的从库班河北岸到车臣的斯基泰时期的器物[1]。北高加索金

〔1〕Барцева Т Б,1974a,табл. Ⅱ.

属的主要指数如下:含有百分之零点零零几的铋、钴、镍,百分之零点零几到百分之零点几的砷,百分之零点零零几的银、锑、镍。北高加索的金属用"C—K"表示(图3－4)。

3.2 合金类型与化学组的对应关系

根据统计的结果,第聂伯河左岸的所有金属器按照化学组划分成下列几个类型(表3－2)。

表3－2 各化学组在不同时期的分配表

组别	公元前6世纪	公元前5世纪	公元前4世纪	总计
北高加索	102(54%)	104(39%)	65(44%)	271(45%)
东方	46(24%)	97(36%)	42(28%)	185(31%)
西方	41(22%)	65(25%)	42(28%)	148(24%)
总计	189(31%)	266(44%)	149(25%)	604

比例最高的要数"北高加索"原料(占45%);居第二位的是"东方"原料(占31%);"西方"原料仅占24%。在各个时间段,来自不同产地的原料分布也不均衡。例如,在早期(公元前6世纪),北高加索的原料占54%,东方原料和西方原料的比例分别为24%和22%,比北高加索的原料比例低很多。到了下一个阶段(公元前5世纪),北高加索原料的比例仍然很高,为39%,但是东方原料的比例上升到36%。西方原料的比例要低些,不过也提高到了25%。在公元前4世纪,没有发生什么实质性的变化。北高加索的原料的比例为44%,东方原料和西方原料所占比例相等。各个原料来源在时间上的变化恐怕不是偶然的。不要忘记,在公元前6至前5世纪,曾经有一条商路经过非斯基泰部落的领土通往索罗马特游牧区,而到了公元前4至前3世纪,与色雷斯世界和古希腊中心城邦的联系得到巩固和加强,可能导致直接进口(成品),以及原料的大量涌入。同时我们不能不考虑到,那些大型生产中心(卡缅和别利斯克耶城址类型)的运行,以及草原地区斯基泰人群的个别部落开始积极地向森林草原地带迁徙(一个明显的例子

·欧·亚·历·史·文·化·文·库·

就是基辅附近的鲍里斯波利墓地的发现）。

所有这些因素不能不影响到第聂伯河左岸区域的金属加工,并形成了所用各个原料来源之间的比例关系。

3.3 其他地区同时期生产中心的化学冶金组的基本特征

我们在研究第聂伯河左岸的金属器时,把它们与同时期的库班河北岸、北高加索、南乌拉尔和哈萨克斯坦西北部的器物群也作了比较（图3-5）。我们没有发现任何一个地区的有色金属加工与之相同。一个根本的区别在于它缺少多样的丰富的铜基人工合金,彼此之间的比例关系也是如此。只是在第聂伯河左岸才有主要合金即锡铅青铜和锡青铜的比例基本相同（46%）的现象。在库班河北岸,锡青铜部分所占比例较大,达44%,而锡铅青铜所占比例不高于27%,其他含锡、铅、砷的复杂合金的比例则是23%。在皮季戈利耶,除了比例突出的锡青铜（占40%）、比例较高的锡铅青铜（33%）,我们还需要注意锡砷青铜（15%）。在斯塔夫罗波尔,铜锡合金占据了主宰地位（占98%）。在奥塞梯,64%为含锡和铅的合金,17%为含有锡、铅、砷的合金,仅14%为锡青铜。在车臣,主要是锡铅青铜（57%）,锡铅砷青铜的数量也较多（42%）,不存在锡青铜。在奥伦堡,"纯铜"与砷青铜的比例差不多（分别占27%和25%）,为其他青铜器群所不见。这里添加铅的合金比例不多（7%和4%）,扮演主角的是锡青铜（34%）。在北哈萨克斯坦,锡青铜领先（62%）,锡砷青铜（36%）居第二位。在蒙古,70%的是砷青铜,锡青铜只占22%。

第聂伯河左岸斯基泰时期的金属加工与前期之间没有相似性。两者的金属配方的差别很大,主要有以下几点:前斯基泰时期的器物有很多种合金配方（七种合金）;添加砷的合金占据主导地位（51%）;锡青铜（21%）和锡铅青铜（10%）的数量都不大（比较图2-4和图3-5）。总之,据已有的研究材料发现,斯基泰时期与前斯基泰时期的

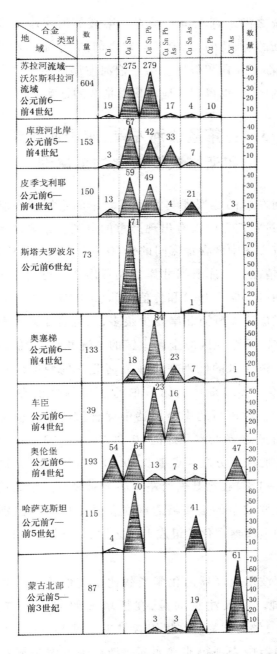

图 3－5　第聂伯河左岸森林草原地带、库班河北岸、北高加索、奥伦堡、

哈萨克斯坦西北部和蒙古北部铜合金器物的分布特征比较简图

金属加工传统之间不存在继承关系。第聂伯河左岸斯基泰时期的金属加工是全新的、独特的，无论是与它之前的，还是与同时期其他地区的金属加工，都不存在相似性。第聂伯河左岸的冶金业与其他地区同类生产之间的区别，也得到了地球化学指数的证实。

3.4 第聂伯河左岸、库班河北岸和斯塔夫罗波尔的金属器

第聂伯河左岸的金属器与库班河北岸的金属器在基本特征上是有区别的，不过它们之间没有出现严重的分离。二者的区别在我们比较含量频率直方图中低含量区间的铅（0.003% ~ 0.01%）时呈现得尤为明显；这种情况只在库班河北岸的铜器出现。更大的区别在于砷含量的高值区间（0.3% ~ 3%）和低值区间（0.03% ~ 0.1%）。高含量砷在第聂伯河左岸比库班河北岸要少很多，而低含量砷在第聂伯河左岸则比之多很多。两个地区的金属中银的情况相似，它们的含量直方图有两个峰值。银含量的区别在于库班河北岸的峰值落在百分之零点零几内（0.03% ~ 0.1%），而第聂伯河左岸的峰值在百分之零点几（0.1% ~ 1%）。库班河北岸金属器中镍含量的最高值位于百分之零点零零几到百分之零点零几之间（0.003% ~ 0.03%），而第聂伯河左岸镍的浮动中心在百分之零点零几（0.01% ~ 0.1%）。高值区间的钴含量（0.01% ~ 1%）在第聂伯河左岸居绝对多数。第聂伯河左岸的金属器与斯塔夫罗波尔的金属器之间在化学组成上的区别要比它们与库班河北岸的金属器在化学组成上的区别更大（图 3 – 1、图 3 – 2 和图 3 – 6）。

斯塔夫罗波尔金属器的化学指数比第聂伯河左岸金属器的化学指数更为单纯。令人注意的是，在斯塔夫罗波尔没有发现高含量（0.01% ~ 1%）铋的器物。这里银含量也不见“双峰”，而这种现象在苏拉河流域铜器中表现得非常明显。斯塔夫罗波尔铜器中银的含量位于百分之零点零几的范围内（0.01% ~ 0.03%），同时我们不能不注

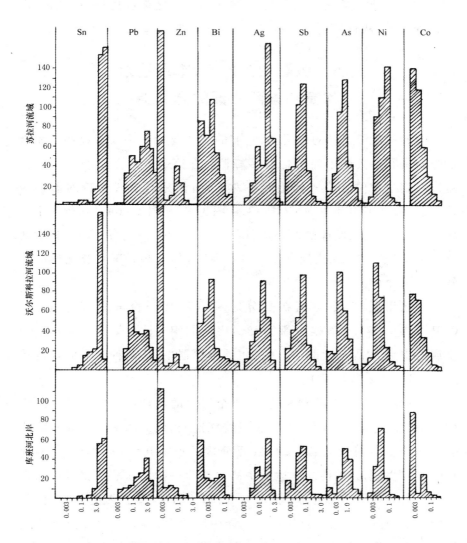

图 3-6　苏拉河流域、沃尔斯科拉河流域、库班河北岸、斯塔夫罗波尔、奥伦堡
和哈萨克斯坦西北部金属器的元素含量频率直方图

意到第聂伯河左岸金属器银的高含量(0.03% ~ 0.3%)。与斯塔夫罗波尔的金属器相比,第聂伯河左岸金属器的不同之处在于其大部分金属器含有含量很高(从百分之零点零几到百分之零点几)的镍和钴,以及含量很低(从百分之零点零零几到百分之零点零几)的锑和砷。

3.5 第聂伯河左岸、南乌拉尔 和高加索西北部的金属器

说起奥伦堡遗址的金属器,它们的最主要特征是大多数特征元素的分布具有很大的不对称性和多峰值。在第聂伯河左岸的器物中也可以看到一定的元素多峰值和不对称性;但是与索罗马特的器物相比,就不那么突出和明确了(图3-1、图3-2和图3-6)。比较两个地区的器物后,我们发现最大的差别属于锡、铅、砷、锑、银的含量,其中低含量区间(从"未发现"到百分之零点零几)的这些元素在奥伦堡的器物中广泛存在。

与之相反,含量范围在百分之零点零几到百分之零点几(从0.01%到0.1%,有时候达到0.3%)之间的镍—钴在第聂伯河左岸的金属器中更为常见。而在南乌拉尔的金属器中,这两种元素的含量较低(百分之零点零零几)。

与索罗马特的金属器相比,塞克金属器的特点在于更为紧凑的化学冶金组。与第聂伯河左岸的金属器相比,我们不能不注意到北哈萨克斯坦铜器具有较高含量的铋(百分之零点零几)和砷(从0.3%到10%)。但是第聂伯河左岸遗物中高含量镍—钴比北哈萨克斯坦的金属器中更为常见。在更为遥远的东方,乌兰固木(蒙古人民共和国)出土的青铜器值得注意。这里的金属器中铋的含量(百分之零点零几到百分之零点几),特别是镍的含量,还有砷的含量(百分之几)较高,与南乌拉尔、北哈萨克斯坦、第聂伯河左岸的金属器都不相同。

由此我们可以得出如下结论:

(1)整个斯基泰时期,苏拉河流域—沃尔斯科拉河流域的金属加

工与同时期其他地区有本质区别。它们之间的区别不仅表现在金属合金类型上,而且表现在原料指数上。所有这些使我们认为,上述每一个区域都存在自己的生产作坊,而且它们都是在许多影响下形成的。

（2）第聂伯河左岸各时期发生的金属器主要配方和原料的改变,不仅与生产传统和古代工匠技能的更新有关系,而且与新合金原料的获取以及贸易的发展有关。

3.6 第聂伯河左岸前斯基泰阶段与古代阶段的金属加工业

前斯基泰时期和斯基泰时期的铜器,只要对含量频率直方图分布做个粗略比较,就会发现它们的各项指数完全没有重合的地方,无论是高含量区间还是低含量区间（图 2-3、图 3-2、图 3-3）。第聂伯河左岸地区斯基泰时期的金属器没有高含量（百分之零点几到百分之一）的锑、砷、镍。高含量（百分之零点零几）的钴更为少见。但锡的含量通常高于 1%,很少遇到低含量的情况。

比较了化学冶金特征之后,我们可以得出一个结论,就是早期有色金属加工并不是斯基泰时期的有色金属加工形成的基础。它形成的根源很复杂也很多样,但是在青铜时代晚期和前斯基泰时期的金属加工中找不到根源。

文化联系的改变,新工艺的发现,大大改变了部落的文化。这些现象我们只能归功于发生在早期铁器时代之初席卷东欧草原和森林草原地带的民族文化大洗牌。

4 金属器的化学冶金组和类型

4.1 进攻性武器——箭头

在第聂伯河左岸的遗址中发现了大量的箭头。按照现有的分类法可以分成若干期。属于第一期(公元前 7 世纪后半段或末期至公元前 6 世纪上半段)的箭头数量相当多。我们分析了 61 件箭头(图 4 - 1 - 1:1—21;图 4 - 1 - 2:1—16),其中包括出自苏拉河流域的 20 件和出自沃尔斯科拉河流域的 41 件。年代最早的属于 B. A. 伊林斯卡娅分类中的长菱形箭头,或者 A. И. 梅柳科娃分类中的I型 5 亚型。这类箭头的源头是黑海北岸以及周围公元前 8 至前 7 世纪遗址出土的箭头[1]。这种类型箭头中的 5 件(№17.118—17.121,№20.684——波尔塔夫辛纳、格林尼谢村出土;图 4 - 1 - 1:17—19)经过分析,结果表明它们都由锡青铜制造,原料都来自北高加索。

在黑海北岸的斯基泰遗址中,拱形头、空心铤的大型箭头(Ⅵ型 2 亚型)少见。这类箭头曾在"老墓"的一个箭筒中发现过。К. Ф. 斯米尔诺夫认为,"它们来源于木椁墓文化和安德罗诺沃文化的骨质和青铜质的有铤箭头"[2]。显然,我们所分析的 5 件箭头(№17.031—17.035,图 4 - 1 - 1:1、2)所用的金属与维加拉克和阿楞卡什墓地出土的器物所用的金属很接近,高含量的砷(0.3% ~3.5%)与锡一起构成复杂的铜基合金。高含量的铋(0.07% ~0.3%)清晰地表明原料来自东方。很有可能的是,这些箭头是在东方制造的,然后从那里传到第聂伯河左岸的森林草原地带。Ⅳ型箭头带椭圆形头和刺形翼,在黑海北

---

[1]Мелюкова А И,1964,18、19 页;Ілліньска В А,1973,15 页.

[2]Мелюкова А И,1964,19 页.

岸和索罗马特分布区都只发现了一件。我们手头掌握有 4 件那样的箭头（两件来自"老墓"，№12.535、12.536；另外两件来自利哈切瓦克村附近的沙丘，№17.184、17.185；图 4-1-1:9、15、16）。研究显示，它们都由锡青铜制造，原料都来自北高加索。

第聂伯河左岸出土的属于第一期的箭头中，分布最广泛的是两侧为铲形、头部为椭圆形或桂叶形的箭头（Ⅱ型）。我们分析了出自沃尔斯科拉河流域的 34 件和苏拉河流域的 13 件（№17.138——别利斯克西城的 3 号灰坑出土；№17.188、17.189——利哈切夫卡出土；№19.876、

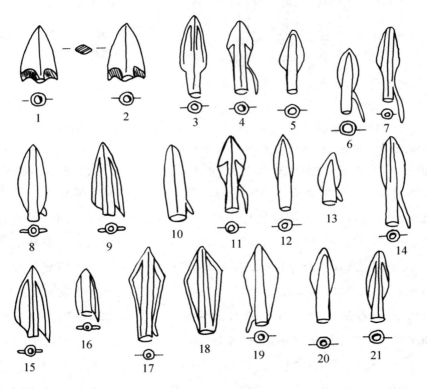

1、2、7—9、15."老墓"；3、10、12.别利斯基家墓和城址；4、11、16.利哈切夫卡；5、13.阿克休京齐（"上斯台金"区）12 号冢；6.阿克休京齐（"上斯台金"区）17 号冢；14.列别霍夫卡；17、18、21.格利尼谢；19.波尔塔夫希纳；20.阿克休京齐（"上斯台金"区）14 号冢；21.阿克休京齐（Д.Я.萨莫克瓦索夫的藏品）

图 4-1-1　苏拉河流域和沃尔斯科拉河流域出土的公元前 6—前 5 世纪箭头来源

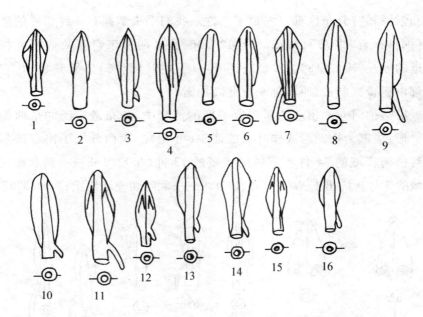

1、11.利哈切夫卡；2—5、13.别利斯基冢墓和城址；6、7.格利尼谢；8、10、12、14、15.波尔塔夫希纳；9.罗缅县；16.苏季伊夫卡

图4－1－2　苏拉河流域和沃尔斯科拉河流域出土的公元前6—前5世纪箭头来源 №19.877——列别霍夫卡出土；№12.538——别利斯克城址的3号灰坑出土；№17.162—17.164、17.186—17.188、17.195—17.197——利哈切夫卡出土；№12.506—12.508、12.521——别利斯克墓地别利斯克1号冢出土；№16.921—16.923、16.924，№17.132——别利斯克4号冢出土；№12.521、12.522；№17.112—17.117——格利尼谢出土；№12.546；№20.685、20.686、20.688、20.689、20.692、20.697、20.698——波尔塔夫辛纳出土；№20.628——苏季伊夫卡出土，图4－1－1:11、12、14；图4－1－2:1—9、11—13、15、16；№16.730—16.732、16.759——苏拉出土；№16.760——"上斯台金"区14号、12号冢出土；№16.755—16.757——"上斯台金"区17号冢出土；№16.537、№17.036—17.038——"老墓"出土；№17.042——阿克休京齐出土；№19.876、19.877——罗缅县出土，图4－1－1:5—7、13、20、21）。

　　实际上第一期的所有箭头都是由锡青铜制造的（占87%）。属于例外的是一部分"纯铜"器物（占13%），其中所有其他元素的含量总和不超过0.5%。由"纯铜"制造的箭头有沃尔斯科拉河流域的№12.546，№16.921、16.922，№17.162a，№20.628、20.688、20.697、20.698（图4-1-1:14;图4-1-2:9、13、14、16）。斯基泰早期工匠们利用的主要原料都来自北高加索（占62%），只有少部分原料取自东方和西方（25%）。需要特别注意的是本地区的原料产地。

在苏拉河流域，化学成分为东方原料的器物为主流（21%），西方原料和北高加索原料数量基本差不多（西方原料占7%，北高加索原料占5%）。沃尔斯科拉河流域的情况正好相反:居于首位的是北高加索原料制造的器物（占57%），西方原料和东方原料的数量不多，分别为7%和3%。这种情况恐怕不能用偶然来解释。更可能的是两个地区的历史发展出现了分化，而这种分化早在铁器时代初期就已出现了（例如，在黑森林文化时期第聂伯河右岸的部分族群迁居到了沃尔斯科拉河流域）。当然我们不能排除他们与其他民族交往的可能，何况他们的邻居是庞大的索罗马特世界。

三翼型箭头广泛分布于公元前6世纪与前5世纪之交及公元前5世纪的遗址中（А.И.梅柳科瓦娅分期的第二期）。我们对98件箭头作了光谱分析，其中的73件来自沃尔斯科拉河流域的遗址，25件来自苏拉河流域的遗址（图4-2-1、4-2-2）。其中包括"基本型"（5型、1、5亚型，№20.701、20.705、20.707、20.708、20.725、20.764，№17.095、17.096、17.168、17.169—17.172、17.231—17.233——波尔塔夫辛纳、利哈切夫卡、马丘希、沃尔科夫齐出土），Ⅲ型，3、2、5亚型（№17.096、17.190、17.192—17.194，№20.627、20.702—20.704，№16.761、16.762;——阿克休京齐、苏季伊夫卡、利哈切夫卡和沃尔科夫齐9号冢出土），还有Ⅰ、Ⅱ型，1、2亚型（№12.509、12.510、12.523、12.539，№17.043—17.047、17.108—17.110、17.122、17.124、17.126、17.160、17.166、17.167、17.191、17.195—17.197、17.752，№16.529、16.733、16.758、16.925—16.927，№20.648—20.650、20.654、20.677、20.678、20.699、20.700——波尔塔夫辛纳、阿克休京齐、别利斯克、卢

卜内、格利尼谢、苏季伊夫卡、利哈切夫卡出土），Ⅶ型，1、3亚型（№17.039、17.040、17.092、17.173—17.177，№12.540，№16.524、16.527，№20.675、20.676——"老墓"、沃尔科夫齐、阿克休京齐、利哈切夫卡、苏季伊夫卡出土），Ⅷ型，1、2亚型（№17.129—17.131、17.198、17.200—17.202、17.234—17.236——利哈切夫卡、斯特罗博尔、维托瓦墓出土），Ⅸ型，5亚型（№17.226—17.230，№20.706——利哈切夫卡、波尔塔夫辛纳出土），Ⅳ型，1a亚型（№20.726—20.729——马丘希出土）。

第二期箭头（图4-2-1、图4-2-2）的主流合金类型延续了前期的特点，属于锡青铜（占68%）。但是出现了新型的以铜为基体的复杂的锡铅铜合金（占28%），这在早期的器物群中没有发现。原料主要还是来自北高加索地区（50%），这一点与之前相比没有变化，但是所占比例有所下降。来自东方的原料和西方的原料有所增长，其中来自东方的原料比例由原来的25%升至34%，来自西方的原料比例由原来的13%升至16%。本期保留了各个区域互不相同的特征，延续了上述的前期金属器的传统。沃尔斯科拉河流域继续使用"纯铜"配方（5%）。每个区域的锡青铜和锡铅青铜的比例关系也不相同：苏拉河流域锡青铜的数量比锡铅青铜多3倍，而沃尔斯科拉河流域的锡青铜只比锡铅青铜多2倍。

沃尔斯科拉河流域的西方原料配方比苏拉河流域高2到3倍。同时，沃尔斯科拉河流域的金属器在公元前6世纪与公元前5世纪之交也与前期不同——在公元前7至前6世纪的时候，西方原料处于第二位；在公元前6至前5世纪，它退居第三位，在东方原料之后。在沃尔斯科拉河流域，东方原料的比例上升至29%，代替了原来的5%（也就是说提高了差不多5倍）。在苏拉河流域，与早期（公元前6世纪）的资料相比，北高加索原料的比例有所提高（由15%到44%），但是东方原料和西方原料的比例下降（前者由65%下降到48%，后者由20%下降到8%）。不过与沃尔斯科拉河流域的器物相比，苏拉河流域器物的东方原料仍然占有较大的份额（在苏拉河流域为48%，在沃尔斯科拉

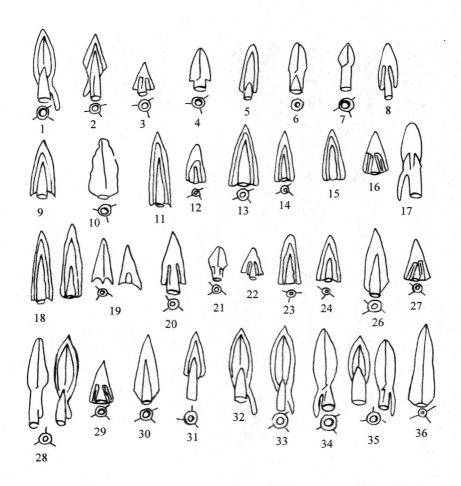

1、31、32.格利尼谢;2.阿克休京齐("上斯台金"区)2号冢;3、6、11、15、18、19、21—23、35.利哈切夫卡;4、27、33、34.别利斯基冢墓和城址;5、8、14.马丘希;7、14.沃尔科夫齐9号冢;9."老墓";10.沃尔科夫齐5号冢;12、13、16、20、24、27、29、30.波尔塔夫希纳;17.苏季伊夫卡;28.卢卜内;36.罗缅县

图4-2-1 第聂伯河左岸遗址出土的公元前5至前4世纪箭头来源

河流域为29%)。关于苏拉河流域和沃尔斯科拉河流域的西方原料上面已经提到。上述化学冶金方面的特征显示两个区域同前期(公元前7至前6世纪)一样,继续在金属加工方面保持距离。与此同时,我们不能不提到,两个区域的金属加工也有一些共同之处,那就是它们都开始使用锡铅青铜这一新配方,北高加索原料在两个区域都扮演主要

欧·亚·历·史·文·化·文·库

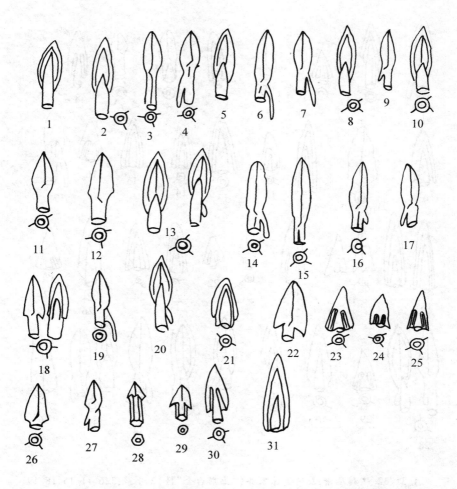

1、2.阿克休京齐（"上斯台金"区）17号冢；3、30.阿克休京齐（"上斯台金"区）14号冢；4、13、23—25.苏季伊夫卡；5—8、11、19.格利尼谢；9、17、18.沃尔科夫齐8号冢；10、12、21.波尔塔夫希纳；13、20、26—29.利哈切夫卡；14—16、22.别利斯基冢墓和城址；27.沃尔科夫齐9号冢；31.马丘希

图 4－2－2　第聂伯河左岸遗址出土的公元前5至前4世纪箭头来源

角色，东方原料的比例在沃尔斯科拉河流域有所提高。对两个区域金属加工方面出现的新现象，大概可以这样解释，即居住在第聂伯河左岸的各部落加强了与黑森林文化时期就迁徙到沃尔斯科拉河流域—第聂伯河右岸的居民的交流。这样"在苏拉河流域—顿涅茨文化部族

42

的包围中,形成了第聂伯河右岸的早期斯基泰文化岛屿"[1],这一切都不会不反映在各个部落的物质文化中。

我们把苏拉河流域和沃尔斯科拉河流域的第二期箭头的研究资料与下列区域的同类器物进行了比较,它们是库班河北岸、皮季戈利耶、南乌拉尔、北哈萨克斯坦、第聂伯河右岸的森林草原地带(总共242件箭头)[2]。

实际上上述区域的器物相互之间不存在相似之处,与第聂伯河左岸的器物同样不存在相似之处。例如,库班河北岸的工匠们更喜欢用锡青铜和北高加索原料制造箭头。在皮季戈利耶的器物中,除了上述原料,东方原料的比例也很高(占34%),这种情况可能与索罗马特金属器的传入有关[3]。在北哈萨克斯坦和南乌拉尔,本地原料("B"类型)处于主导地位。它们的合金区别在于:索罗马特金属器中"纯铜"数量居多,哈萨克斯坦的塞克人则主要使用锡青铜。

第聂伯河右岸和左岸的器物群之间并不重合(无论是区域器物,还是共同器物),不过可以比较的器物数量有限。我们对类型相似的箭头的金属作了广泛的比较(特别是大家熟悉的公元前6世纪与公元前5世纪之交与公元前5世纪的各地遗址出土的器物),得出的结论是,实际上每一个区域的金属器都拥有自己的化学冶金特征,都由固定的生产中心提供产品。

第三期(公元前4世纪的后半段,公元前4至前3世纪)。本期的箭头在形态上与公元前5末至前4世纪的区别不大(图4-3)。第聂伯河左岸出土的箭头中我们分析了61件,其中大部分(45件样品)来自沃尔斯科拉河流域的遗址(№17.142—17.146、17.178、17.179、17.181、17.182、17.547,№20.660—20.667、20.621—20.625、20.657—20.659、20.709、20.710、20.718、20.719,№12.524—12.532,№16.917、16.918——它们分别来自别利斯克、奥斯尼基地区的冢墓、利哈切夫

[1]Ильинская В А,1968,173页.
[2]ИА АН СССР 光谱分析研究室档案,同时参阅:Барцева Т Б,1974a,附录,图版Ⅱ.
[3]Барцева Т Б,1974a,73、78页.

43

欧·亚·历·史·文·化·文·库·

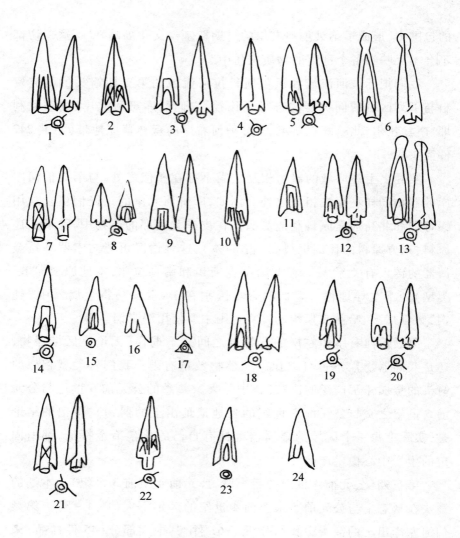

1、4.阿克休京齐（Д.Я.萨莫克瓦索夫的藏品）；2、6、7～10、13、18、21、22.别利斯基冢墓和城址；3、11、15、19、23.克里亚奇科夫卡；5、12、20.利哈切夫卡；14、16、24.波尔塔夫希纳；17.阿克休京齐（"上斯台金"区）16号冢

图4-3　第聂伯河左岸出土的公元前4—前3世纪箭头来源

卡、克里奇科夫卡、波尔塔夫辛纳），以及苏拉河流域遗址出土的 16 件样品（№17.026—17.030，№16.524—16.528、16.726—16.729、16.753、16.754——阿克休京齐出土）。箭头的主要类型有:4 型 7 亚

型,8 型 4a 亚型 II 组;少见的 9 型 8 亚型 II 组;8 型 3 亚型 III 组。

沃尔斯科拉河流域与苏拉河流域的主要合金类型都是锡铅青铜（在沃尔斯科拉河流域占 98%,在苏拉河流域占 94%),锡青铜的比例下降到最低的水平（在沃尔斯科拉河流域占 2%,在苏拉河流域占 6%)。锡铅青铜占据统治地位,这是晚期（公元前 4 世纪）出现的新现象。同时在沃尔斯科拉河流域,我们注意到"纯铜"配方消失了。两个地区的区别现在只剩下原料指数了。只有在沃尔斯科拉河流域的器物中才见到西方原料（占 44%),用于制造最多样的箭头（4 型 7 亚型、8 型 4a 亚型,还有 4 件罕见的 9 型 7 亚型箭头)（№20.621—20.625、20.633—20.667、20.719——都来自克里亚齐科夫卡;№17.181、17.182,№16.917、16.918,№12.526、12.527——分别来自别利斯克、波尔塔夫辛纳)。

苏拉河流域的情况与沃尔斯科拉河流域的情况不同,这里的箭头是由东方的原料制造的（占 87%,而在沃尔斯科拉河流域是 40%)。

和前一时期相比,原料来源普遍发生了变化。东方原料的比例在整体和两个区域都有所提高,占据了第一位（占所有器物的 52%),北高加索原料则退居最后一位（而在前期排在第一位),位居第二的是西方的原料（占 33%)。出现这样的变化可能不是偶然的,应该是与历史发展的整体趋势有关:公元前 4 至前 3 世纪之前与"色雷斯人"世界的联系有所加强,庞大的商贸中心这时候开始发挥作用。

将第三期的箭头与其他地区类似器物比较之后[1],我们可以得出下列结论:

与第聂伯河左岸（森林草原地带——译者注）的器物最为接近的是左岸草原地带的器物,那里锡铅青铜的比例高达 96%,锡青铜总共是 4%。原料来源的格局也是一致的（东方原料略占优势,东方原料占 45%,西方原料占 43%,北高加索原料只占 12%)。第聂伯河右岸森林

---

〔1〕ИА АН СССР 光谱分析研究室档案;卡缅斯科城址、科泽尔家、切尔托姆雷克、格里申齐居址和墓地的资料.

草原地带的少量器物——其中大部分出自格里申齐村附近的墓地和居址——与左岸的森林草原地带的器物相比存在着本质的区别。例如,只有在右岸,锡青铜与锡铅青铜的比例才平分秋色(各占50%);原料方面,西方来源的比例最高(占71%),东方原料和北高加索原料比例差不多(约为14.5%)。第聂伯河两岸的整个森林草原地带在金属加工上的这些差别证明,在右岸存在另外的生产中心。根据格里申齐居址出土的大量的制造遗物[1],我们可以认定,这里实际上就是其中的一处生产中心。

显然,第聂伯河左岸与右岸的生产中心的产品,就其化学冶金指数来看,都有各自的销售范围,并且都不会跨越它们的边界。

4.2 防护用盔甲——铠甲

铠甲在整个斯基泰时期都有发现。在第聂伯河右岸[2]、索罗马特人[3]、库班河北岸[4]也各发现一件。铠甲通常出现在比较富有的军人和骑兵贵族首领的墓葬中。我们分析了第聂伯河左岸遗址出土的12件铠甲片(№16.722—16.725——"老墓"出土;№20.631—20.635——苏季伊夫卡出土;№20.680——波尔塔夫卡州出土;№19.784、19.785——沃尔科夫齐2号冢出土;图4-4-1:1—6)。最近,E. B. 契尔年科将皮制铠甲的护胸和护肩部分也归入其中[5]。

---

〔1〕Петренко В Г,1961;Петренко В Г,1967.

〔2〕Петренко В Г,1967,49 页.

〔3〕Смирнов К Ф,1961,75 页.

〔4〕Мелюкова А И,1964,69 页.

〔5〕Черненко Е В,1968,150、151 页.

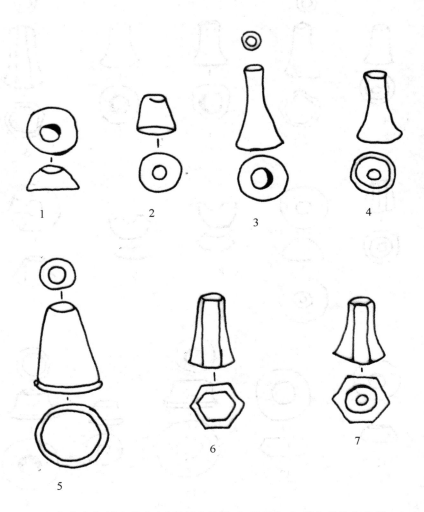

1、2.阿克休京齐("上斯台金"区)20号冢;3.罗缅县;4.博尔兹纳1号冢;
5.马丘希;6."老墓";7.阿克休京齐("上斯台金"区)2号冢

图 4 - 4 - 1 铆钉和铠甲来源

·欧·亚·历·史·文·化·文·库·

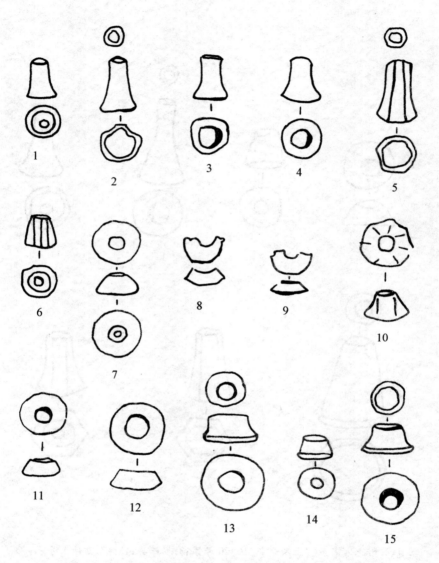

1. 沃罗涅日斯卡娅镇；2、3、5. 格里申齐；4. 亚布洛诺夫卡；6. 尖墓；7. 盖马诺瓦娅墓；8、9. 梅切特赛；10、11. 斯拉德科沃家；12. 科济尔家；13、15. "红旗"；14. 维加拉克

图 4 - 4 - 2　铆钉和铠甲来源

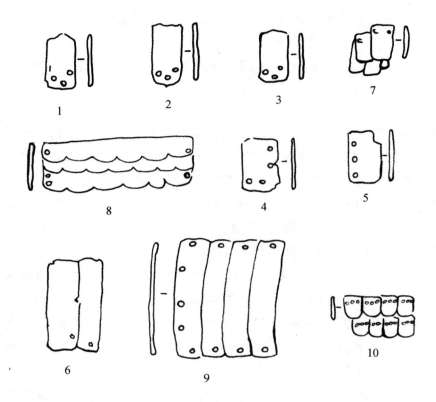

1、2、3."老墓";4.苏季伊夫卡;5.波尔塔夫希纳;6.沃尔科夫齐2号冢;右边

7.科斯特罗姆斯卡娅镇;8—10.库班河北岸(采集品)

图 4 - 4 - 3　铆钉和铠甲来源

用于对比的铠甲资料来自库班河北岸的铠甲[1]。

制造铠甲所用的金属并不统一:锡青铜的数量略高于锡铅青铜。除此之外,锡青铜占据主导地位的情况只见于最早的盔甲("老墓")。在公元前5至前3世纪的器物中,两者的数量已经持平了。在化学组成上,北高加索原料与东方的原料占据优势,二者的比例差不多。西方原料非常少见。一个很有意思的现象是,库班河北岸出土的铠甲,包括腰带以及长长的甲片(图4-4-2:1、2)喜欢用东方的原料制造。

我们所研究的每一个区域有可能对应着固定的生产中心,或者形

---

〔1〕Барцева Т Б,1974a,附录,图版Ⅱ.

·欧·亚·历·史·文·化·文·库·

成了自己的生产部门，因为它们的化学指数各不相同。

4.3　铆钉

在斯基泰—索罗马特的遗址中经常发现铆钉，类型多样，用于固定马镳，固定剑和箭筒到身上，以及捆系皮带和盔甲[1]。在我们分析的 11 件样品中，有 2 件为"半球形"（B. Г. 彼得连科分类法的 I 型）。这种类型的铆钉出现于公元前 5 世纪的马镳上（№16.766、16.767——阿克休京齐 20 号冢出土，图 4－4－1:1、2）。与它们可比较的有 15 件公元前 4 至前 3 世纪的铆钉（图 4－4－2:7—12），分别来自盖马诺娃墓、科泽尔冢、斯拉德科沃冢和梅切特赛 8 号冢 1 号墓。

II 型也就是 B. Г. 彼得连科所谓的"弧线圆锥体"，有时划弦纹（图 4－4－1:3—7;№19.84——罗缅县出土;№17.211—17.213——博尔兹纳 1 号墓出土;№20.723——马丘希村出土;№17.019——阿克休京齐 2 号墓出土;№16.518—16.520——"老墓"出土）。它的数量比其他类型都要多很多。我们总共分析了 9 件样品。

为了对比研究，我们还分析了分别来自第聂伯河右岸、草原和库班河北岸的 9 件铆钉（图 4－4－2:1—3、5、6——分别出自格里申齐、亚布洛诺夫卡、尖墓和旧沃罗涅日）。此外，我们手里还有少量的公元前 7 至前 6 世纪的铆钉，分别来自斯塔夫罗波尔地区（图 4－4－2:13、15）和哈萨克斯坦西北部（图 4－4－2:14）[2]。

第聂伯河左岸的铆钉通常由两种类型的青铜材料制造:锡铅青铜（7 件——№16.518，№17.019、17.211—17.213，№19.845，№20.723）和锡青铜（4 件——№16.519、16.520、16.766、16.767），以锡铅青铜居多。原料主要来自东方（11 件样品中占 10 件），只有 1 件样品可以确定为北高加索（№19.845）。显然多数铆钉都由东方的原料制造，各自

---

〔1〕Петренко В Г,1967,41 页;Смирнов К Ф,1961,93、94 页;Ильинская В. А.,1968,135、136 页.

〔2〕分析数据保存在 ИА АН СССР 光谱分析研究室的档案中.

所属的器物群的化学成分也都相似。来自第聂伯河右岸森林草原地带、草原地带、库班河流域、北顿涅茨河流域同期或者较晚的遗址的铆钉也具有同样的化学成分。但是要深入具体地说明这个现象,要等到我们对遗址中的所有金属器进行详细的分析以后。年代最早的一批铆钉来自斯塔夫罗波尔的遗址("红旗"农庄)和哈萨克斯坦的西北部("维加拉克"),它们使用的是当地原料。它们的金属加工传统上就是如此。

4.4　刀鞘

图4-5　刀鞘头

在第聂伯河左岸发现两件青铜质刀鞘,出自"老墓"[1]。其中一件用来装一把带三角形刃的短剑,我们对它进行了分析(№17.281;图4-5)。鞘身装饰图案,或者是蜷曲的雪豹一类猛兽[2],也或者是"高度风格化的某种猫科动物"[3]。А.И.什库尔科[4]认为描绘的是蜷缩的豹或者其他猫科猛兽(根据初步报道的髭判断的),装饰手法独特。

鞘是由北高加索原料提炼的锡青铜制造的。在同一组金属器中,用同样原料制作的还有一件动物风格的马头形管饰(№16.514—16.516),一件山羊首形的泡(№16.512、16.513)和一件绵羊首棒形马镳(№17.272、17.273)。

4.5　马器

4.5.1　马衔

前斯基泰时期广泛流行于欧亚大草原的传统的镳形马衔,一直沿

〔1〕Ильинская В А,1968,图版Ⅰ:1、7.

〔2〕Граков Б Н,1971,139页.

〔3〕Мелюкова А И,1964,62页.

〔4〕Виноградов В Б,Шкурко А И,1963,37页;Шкурко А И,1969,31页.

用到公元前 6 世纪。但是到了公元前 6 世纪末它就被新型的由铁锻打而成的单环状马衔代替了。在苏拉河流域,青铜制的镫形马衔出现于最早的器物群,如"老墓"(公元前 6 世纪中期)、波波夫卡村的 8 号冢(公元前 6 世纪)、阿克休京齐的 2 号冢(公元前 6 世纪,基辅历史博物馆藏品)、沃尔科夫齐附近的 8 号墓(早期晚段)。我们对 5 副马衔做了光谱分析,3 副(4 个分析数据)来自"老墓"以及阿克休京齐的 2 号冢(№16.772、16.771,№17.270、17.271,№19.858;图 4 - 6 - 1:25—28)。出于对比研究的需要,我们广泛收集了第聂伯河右岸森林草原地带的相邻地区(普鲁瑟、古利亚伊城、康斯坦丁诺夫卡、扎波金)以及更远的库班河流域和斯塔夫罗波尔(科斯特罗姆斯卡亚镇、"红旗"农庄)的同类马衔。此外,我们将斯基泰人的马衔与塞克人和原苗特人的器物(维加拉克、尼古拉耶夫卡墓地和戈洛瓦特墓地出土)以及卡梅舍瓦哈的器物做了比较。后者的年代最早(公元前 8 至前 7 世纪)。苏拉河流域镫形马衔的化学冶金组并不统一:3 副由北高加索原料和东方原料提炼的锡青铜制造;2 副由西方原料和东方原料提炼的铜锡铅合金制造。

上述样品中的每一副马衔都有自己的形态特征,这大概是它们的化学冶金指数不同所致。来自"老墓"的马衔(№17.271;图 4 - 6 - 1:25 右)的镫形环不同于其他马衔,最宽处为 3.5 cm,高 2.2 cm;其他马衔的镫形环的环宽度为 2 ~ 3 cm,高为 2.5 ~ 3 cm。"老墓"马衔的杆部截面为直角长方形,镫的横杠的截面为圆形。其他马衔杆部的截面通常为正方形(№17.270;图 4 - 6 - 1:25 左)或圆形(№16.771;图 4 - 6 - 1:27),而镫的截面为椭圆形。

一副马衔脱落的一支被人与另一副的一支拼到一起(№17.270;图 4 - 6 - 1:25),这在考古文献已经有人指出来了[1]。它的铋含量低(百分之零点零零几),与沃尔科夫齐的 4 号冢 4 号墓(№19.755)与巴索夫卡(№19.753)出土的艺术造型的铜镜、罗缅县的"奥利维亚"铜镜

---

[1] Ілліньска В А,1961,42 页.

(№19.754)和其他器物的金属接近。根据这样的化学特征,我们可以认为它们是由同一批工匠制造的。这副马衔(№17.270)的另一支与№17.271不同,由北高加索原料的锡青铜制造。杆部装饰三角形棱,与库班河流域的原苗特马衔和斯塔夫罗波尔的斯基泰马衔非常接近[1](图4－6－2:13—18、20—22)。另一件精致的马衔(№16.771;图4－6－1:27)也由同样的金属制造,不过它的杆部没有花纹。№16.772马衔(图4－6－1:28)的一支来自早期的产品(阿克休京齐的2号冢),其突起的末端最接近东方地区(塞克人)出土的马衔(图4－6－2:17、18)和科斯特罗姆斯卡亚镇出土的马衔(图4－6－2:12)。"老墓"的马衔由锡青铜制造,所含微量元素贫乏(EY型),因此我们认为它是从外地输入的,而不是当地生产的。早期器物群中的马衔(来自阿克休京齐的2号冢,基辅历史博物馆藏品)来自东方(№19.858;图4－6－1:28),但是与"老墓"的马衔不同的是,它由锡铅砷青铜制造,成分类似于带手柄的盘形镜和早期的杆头。它们金属中的高含量(百分之零点零几)的铋也证明了它们的东方来源。第聂伯河左岸的马衔在形态上接近右岸的森林草原地带出土的器物(图4－6－2:2—8)和库班河北岸出土的器物(图4－6－2:12、16)。相似程度低一些的还可以算上一些年代更早的器物,分别来自斯塔夫罗波尔(图4－6－2:13—17)、尼古拉耶夫卡、戈洛瓦托夫斯基和谢尔任帐墓地(图4－6－2:9—11),部分来自维加拉克(图4－6－2:17—22)和卡梅舍瓦哈(图4－6－1:1)[2]。我们的研究表明,上述的每件镳形马衔都各具特征,与其他马衔都不相同。例如,只有在第聂伯河右岸的森林草原地带才流行不含任何其他添加物的铜器(大约占所用器物的一半)。在其他合金中锡青铜比较突出。

---

[1]Барцева Т Б,1974a,图版 I.
[2]ИА АН СССР 光谱分析研究室档案.

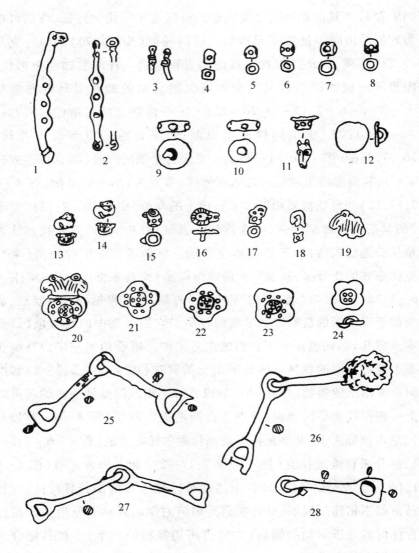

1. 罗缅县;2、3、13—16、25—27."老墓";4.阿克休京齐("上斯台金"区)14号
冢;5、23.阿克休京齐(Д.Я.萨莫克瓦索夫的藏品);6、7、8、24.波波夫卡14号冢;
9—12.舒梅科夫农庄;15.波波夫卡10号冢;17—18.苏季伊夫卡;19.阿克休京齐
("上斯台金"区)12号冢;20.波波夫卡8号冢;21.格拉西莫夫卡;22、28.阿克休京
齐2号冢(基辅历史博物馆藏品)

图4-6-1　公元前6世纪的马辔部件来源

54

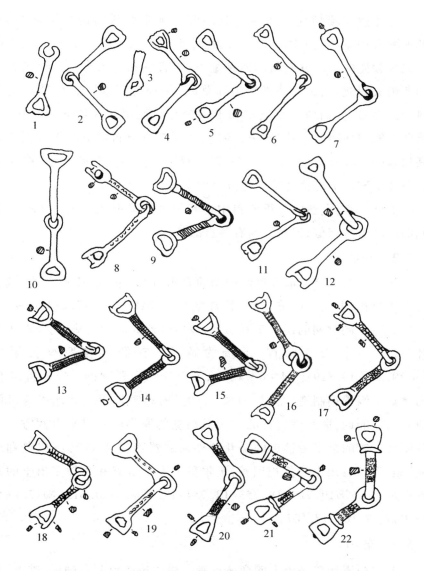

　　1.卡梅舍瓦哈;2、4、7.普鲁瑟;3.扎博京;5.斯梅拉;6.康斯坦丁诺夫卡ⅩⅤ号
冢;9.谢尔任帐37号冢;10.尼古拉耶夫卡112/21号墓;11.戈洛瓦茨基农庄;12、
16.科斯特罗姆斯卡娅镇;13—15."红旗"农庄;17.维加拉克69号冢;18.维加拉
克70号冢;19.维加拉克83号冢;20.维加拉克47号冢;21.维加拉克14号冢;22.
维加拉克50号冢

图 4 - 6 - 2　公元前 6 世纪的马镳部件来源

·欧·亚·历·史·文·化·文·库·

在苏拉河流域居于首位的是用北高加索原料制造的铜锡合金。其他配方和原料(西方和东方)只在外来的器物中才能见到。在库班河流域领先的是西方原料和两种配方:锡青铜和锡铅青铜。年代更早的斯塔夫罗波尔、北哈萨克斯坦和草原(卡梅舍瓦哈)器物,特点是原料来源很稳定(斯塔夫罗波尔和卡梅舍瓦哈使用北高加索的原料,北哈萨克斯坦使用当地的"东方"原料)。用东方原料制造的锡青铜和北高加索的多种合金(包括锡青铜、锡铅青铜、锡砷青铜、砷青铜)中大多都添加了砷。卡梅舍瓦哈的配方是砷青铜。

如此一来,上述的分析资料中让我们可以确定几个生产中心。它们的产品虽然相似,但是又具有各自的特点。

4.5.2 马镳

年代不晚于公元前 6 世纪中期的有出自"老墓"的棒形青铜马镳,上带 3 个孔,上端为山羊首形,下端为蹄形(№17.272、17.273;图 4-6-1:2、3)。同时期的还有 2 副马镳,按照骨器的形状制造,侧面有 3 个环钮,上端装饰着鹰首,下端为蹄状。它们来自罗缅县冢群(№19.828、19.829;图 4-6-1:1),不属于哪个器物群。经分析,4 件马镳都由锡青铜制造。但是如果"老墓"的马镳是用北高加索地区的原料制造的话,那么带鹰首的罗缅县马镳的原料就应该来自西方。与罗缅县马镳的金属最接近的是几件外来的器物("希腊"镜和"奥利维亚"镜,罗缅县出土的祭祀用斧,沃尔科夫齐 7 号冢和 8 号冢出土的菱形透雕泡)(№19.755、19.753、19.754、19.674,№20.613,№17.084、17.085、17.106、17.107)。

4.5.3 节约

节约用来连接马辔上的交叉皮带。最简单的形制有桶形、锥形、金字塔形,上带 2 对横向穿孔。从多瑙河到山区阿尔泰和帕米尔高原—阿尔泰山一带,这种部件在游牧民族和定居民族中广泛使用[1]。我们分析了 10 件桶形节约(№17.071、17.072——阿克休京齐村附近的 1

---

[1]Ильинская В А,1968,108、109 页.

号冢出土；№16.769——“上斯台金”区的 14 号冢出土；№20.059—20.061、20.651、20.652——波波夫卡村出土；№19.963、19.964——波波夫卡村的 14 号冢出土；图 4-6-1:4—8）。它们都是使用北高加索原料提炼的锡青铜和锡铅青铜制造的。“红旗”农庄的早期斯基泰墓地以及维加拉克的塞克墓地出土了类似的器物,但是它们都由当地原料提炼的锡青铜制造。根据这些器物的化学成分区别,我们大概可以判断出,这里存在着几个不同的生产中心,它们只向一定的地区输送自己的产品。

在公元前 6 世纪的马辔上也可见到装饰着动物的节约。舒梅科夫农庄一处被破坏的墓葬出土了 2 件,上面刻画马首,马耳直立（№19.840、19.841;图 4-6-1:11）。它们和一部分简单的桶形节约一样,是由北高加索原料提炼的锡青铜制造的。

“老墓”出土的一件节约的底板已经残破,上面装饰马首雕刻（№16.514—16.516;图 4-6-1:14）,由锡青铜和锡铅青铜制造而成。还有几件器物使用了类似的合金,如苏季伊夫卡出土的装饰着某种猛禽头部的节约（№20.637、20.638;图 4-6-1:17、18）、波波夫卡农庄 10 号冢出土的带山羊首雕刻的节约、“老墓”出土的山羊首造型的节约（№16.512、16.513;图 4-6-1:16）。

因此,所有公元前 6 世纪的马辔上的节约都是用北高加索的原料制造的。合金有两种:锡青铜——13 件;锡铅青铜——12 件。至于哪个类型与哪种合金搭配,我们还没有发现什么规律。

4.5.4 扣

扣或者用于固定皮带,或者仅仅用于装饰马辔[1]。这样的器物也见于第聂伯河右岸和库班河流域的遗址中[2]。我们所研究的一批扣来自格拉西莫夫卡村的 1 号冢（№17.048—17.050）、波波夫卡农庄 8 号冢（№19.953—19.955）、阿克休京齐 2 号冢（№19.675—19.680）、

---

〔1〕Ильинская В А,1968,109 页;Ильинская В А,1961.

〔2〕Тереножкин А И,1976,183 页,图 96:1;Іллінська В А,1961,59 页,图 14.

阿克休京齐（№19.818）、波波夫卡（№19.965）、"上斯台金"区 12 号冢（№16.736；图 4 - 6 - 1:19—24）。

有时候十字形扣上也装饰鹰首（图 4 - 6 - 1:19、20）。大多数带鹰首的十字形扣都由锡青铜制造，原料来自北高加索（№19.953—19.955）。"上斯台金"区 12 号冢出土的器物或许可以算作锡铅合金，不过金属中铅的含量高达 0.8%（№16.736；图 4 - 6 - 1:19）。碰巧它的年代也是最晚的（早期的晚段）。类似的扣也见于第聂伯河左岸，来自普鲁瑟（№19.692）[1]，制作方法与它们相似，可能出自同一批工匠之手。没有装饰鹰首的普通扣，与前面的复杂扣不同，只见复杂的铜锡铅合金（№17.049、17.050、19.675—19.679、19.818）。属于例外的有两件（№17.048、№19.680），是由锡青铜制造的，其中铅的含量为0.3%。制作这些器物的原料都是北高加索的铜料。波波夫卡出土的一件扣值得特别注意（№19.965；图 4 - 6 - 1:24）。在形制上它与其他扣不同，钮在背面，这是这个系列不具备的特征。而其他扣的钮都是借助于成对分布在四个花瓣的穿孔固定在底板上。要不然就是波波夫卡的扣以中央的底板作为装饰，没有四个椭圆形的花瓣，也没有中央的圆形突起，只有四个突起的圆圈（与图 4 - 6 - 1:21—23 比较）。波波夫卡扣的原料为锡铅青铜，其化学组成属于西方原料。原料与它相似的还有：沃尔科夫齐 7 号冢的鹰首杆头（№17.082—17.083），还有公元前 5 世纪的一批脚镯（№12.518，№19.931、19.952，№17.081）、一件鸟翼形马面饰（№19.786、19.787）。

总之，第聂伯河左岸公元前 6 世纪的器物（主要来自苏拉河流域），包括十字形扣、马鞯上的节约、马衔和马镳，主要由两种合金制造：锡青铜（占 52%）和锡铅青铜（占 48%），两种材料的比例基本相等。

古代工匠所使用的原料主要来自北高加索（88%）。由西方原料和东方原料制造的器物数量不大，东方原料制造的器物占 4%，西方原

---

〔1〕ИА АН СССР 光谱分析研究室档案.

料制造的器物占 8%。

公元前 6 世纪的马嚼上的主要金属器更多地见于第聂伯河左岸的森林草原地带。根据化学分析的结果,我们可以得出结论,在第聂伯河左岸存在着一个制造全套青铜马嚼的生产中心。那里生产的产品并没有输送到超出本区域很远的地区,基本上集中于苏拉河流域。

从其他生产中心运到第聂伯河左岸森林草原地带的产品,或许包括带鹰首的青铜马镳(№19.827、19.828)、带钮的十字形扣(№19.965)、来自"老墓"和阿克休京齐 2 号冢的镫形马衔(№17.271,№16.772)。它们与本地产品的原料指数不同,应该与西方的或者东方的矿源有关。与本地产品不同的还有它们的形态特征。相关分析见前面的器物的分类研究。

4.6　公元前 5—前 4 世纪的马嚼

铜及其合金继续广泛使用于公元前 5 至前 4 世纪马嚼部件和马具的生产。人们仍然用青铜来制造马镳、额饰、鼻饰、固定皮带上的节约、马面饰。不过马嚼本身的组成,众所周知,"在公元前 6 世纪与公元前 5 世纪之交发生了根本的改变"[1]。

4.6.1　马镳

第聂伯河左岸区域经过分析的马镳(17 件)都属于公元前 5 至前 4 世纪。这些马镳基本上均为 S 形弯曲,有各种造型的末端:弧形,截面为菱形(№17.017、17.018——阿克休京齐 2 号冢出土;№17.070——阿克休京齐 1 号冢出土;图 4-7-1:1—2);"球形"(№19.714、19.715——沃尔科夫齐 1 号冢出土);蹄形,镂空(№20.639——苏季伊夫卡 4 号冢出土;№19.728、19.729、19.809、19.810——布坚基 1 号墓出土;№17.794、17.795——沃尔科夫齐 1 号冢出土;№19.859、19.860——阿克休京齐 2 号冢出土;图 4-7-1:3、

---

〔1〕Ілліньска В А,1961.

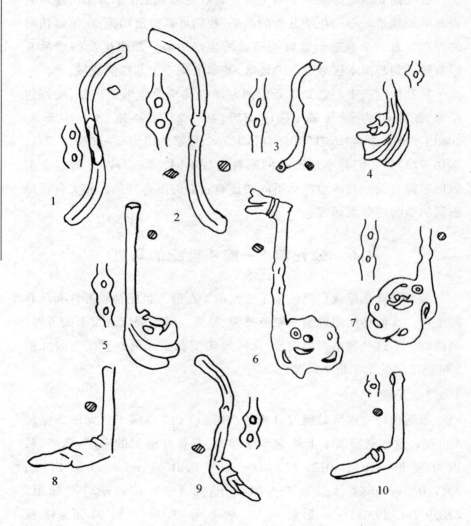

1.阿克休京齐冢(1886 年发掘);2.阿克休京齐("上斯台金"区)2 号冢;3、10.沃尔科夫齐 1 号冢(1897 年发掘);4、5.沃尔科夫齐 2 号冢(1897—1898 年发掘);6、7.沃尔科夫齐 4 号冢 4 号墓;8.苏季伊夫卡;9.阿克休京齐 2 号冢(1885 年发掘)

图 4 - 7 - 1　马具部件(马镳)来源

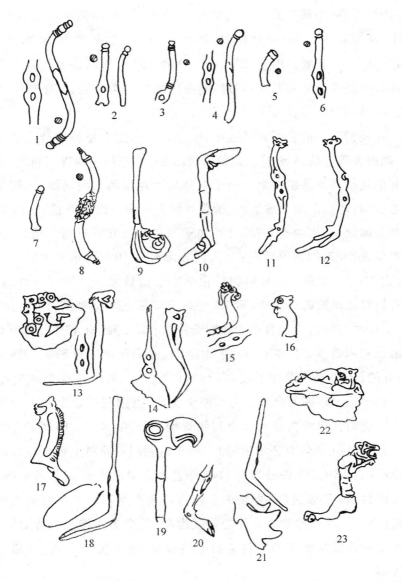

1、2、4—8.沃罗涅日斯卡娅镇 19 号冢;3.图利斯卡娅镇;9.谢米布拉特冢群Ⅳ号冢;10.小谢米布拉特冢群;11、12.盖马诺瓦娅墓;13.库班冢群;14—16.迈科普（藏品）;17.科斯特罗姆斯卡娅镇;18、20.谢米布拉特冢群Ⅴ号冢;19、23.尼姆菲24 号冢;21.塔曼;22.伊丽莎白京斯卡娅

图 4 - 7 - 2　马具部件（马镳）来源

·欧·亚·历·史·文·化·文·库·

6—10）。另一类属于有艺术造型的，如直棒状（截面圆形），有双孔，直棒下端为铲形（№19.791、19.792——沃尔科夫齐2号冢出土；№19.837——罗缅县出土；图4-7-1:4—5）。我们将上述各类马镳与库班—塔曼遗址和草原地带斯基泰遗址的同类器物（5件样品；图4-7-2:1—3）作了比较[1]。

在我们分析的各系列马镳中，B. A. 伊林斯卡娅特别分出了等弧形、截面为菱形的马镳[2]。这种马镳由EY型原料的锡青铜制造，因此与其他几类马镳区别开来。至于第聂伯河左岸的其他马镳，不管是艺术造型的，还是末端为球形的，所用材料都是统一的锡铅青铜（14件样品都是如此）。原料有3种，北高加索原料和西方原料基本相等，占据显要位置（北高加索原料占43%，西方原料占50%），东方原料部分极少（占7%）。库班—塔曼器物的化学冶金指数完全是另外一种情况。供我们对比研究的马镳中，有20件是末端带艺术造型的，13件为"球形"。这些马镳可以划分出3种冶金配方:锡青铜（有17件，其中6件马镳无艺术造型，11件末端有艺术造型，占所有样品的52%）;锡铅青铜;有的（有5件）添加了较多的砷（0.6%~1%），从而形成复杂的铜—锡—铅—砷四元合金。为了便于统计，也把这类合金归入锡铅青铜组。锡铅青铜的数量实际上与锡青铜相当（占48%，16件样品中7件无艺术造型，9件有艺术造型）。铸工所利用的原料主要来自北高加索原料（占58%，19件器物中11件带艺术造型，8件没有艺术造型）和东方原料（占33%，11件器物中4件为普通类型），西方原料所占比例较低（占9%，3件器物中1件为普通类型，其余2件带艺术造型）。草原地带的金属器所用的铜料来自北高加索，合金类型一致，即都为锡铅青铜。

上述化学冶金组的不同，很可能说明当时存在若干生产作坊，既在第聂伯河左岸的森林草原地带活动，又在库班河北岸活动。他们的

〔1〕ИА АН СССР光谱分析研究室档案.
〔2〕Ильинская В А,1968.

产品有所相似,但是也存在着自己的特征。

在整个公元前 5 世纪,在马镳上可以看到连接马衔的圆形套环(№17.020——阿克休京齐 2 号冢出土)、"挂锁"(№17.021、17.022——阿克休京齐 2 号冢出土)、背面带钮的菱形和三角形("心形")扣(№19.844——罗缅县出土;№17.084、17.085——沃尔科夫齐 7 号冢出土;№19.958—19.960、19.962—19.964——波波夫卡 14 号冢出土)。最后一种扣早在公元前 6 世纪与前 5 世纪之交就已经出现[1]。同样广泛分布的是一种背面带钮的半球形扣(№17.100—17.102——沃尔科夫齐 1 号冢出土;№16.740——阿克休京齐出土;№20.724——马丘希出土)和边缘起齿状棱的圆形扣("格里芬之眼")(№17.066——阿克休京齐 1 号冢出土;№17.023、17.025——阿克休京齐 2 号冢出土;№17.209、17.210——博尔兹那 1 号冢出土;№19.852——罗缅县出土;№19.811—19.815,№20.644—20.646——布坚基出土;№19.817——阿克休京齐出土;№19.657、19.658、19.774、19.775、19.788——沃尔科夫齐出土)。与众不同的是博尔兹那 1 号冢№17.215 的"双"扣(图 4-8-1:12)。在公元前 5 至前 4 世纪,特别是在公元前 4 至前 3 世纪,流行的是"双层"扣(环加三角)(№19.716、19.717、19.811——沃尔科夫齐 1 号冢出土;№19.780——沃尔科夫齐 4 号冢出土),带柱钉的圆形扣(№19.788、19.799、19.800——沃尔科夫齐 1 号冢出土;№19.851——罗缅县出土)以及简单的背面带钮的光滑的圆形扣(№19.718—19.720、19.771—19.773、19.796—19.798,№20.647——沃尔科夫齐 1 号冢出土)。

4.6.2 扣

我们总共分析了 55 件"几何形"扣。扣的金属材质分布很不一致:公元前 5 世纪马镳的 37 件扣,43% 由锡青铜制造,57% 由锡铅青铜制造。矿料来源的比例如下:35% 为北高加索原料,43% 为东方原料,22% 为西方原料。我们应该注意到,上述扣中大部分(11 件样品)(图

---

[1]Ильинская В А,1968,128、129 页.

4－8－1:3—6、11—17)由东方原料的锡青铜制造,而且全由一种化学原料制造,与它们共生的器物为斯基泰世界所罕见。

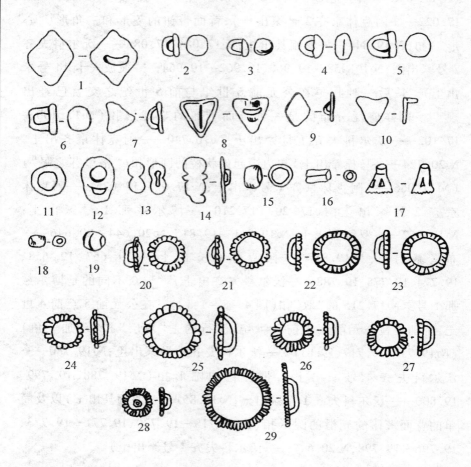

1.沃尔科夫齐7号冢;2.马丘希;3、4.沃尔科夫齐1号冢(1886年发掘);5、6、11.阿克休京齐("上斯台金"区)2号冢;7—9.波波夫卡14号冢;10.罗缅县;12.博尔兹纳1号冢;13.阿克休京齐("上斯台金"区)20号冢;14、16.阿克休京齐1号冢(1886年发掘);15."老墓";17.沃尔科夫齐5号冢;18、20—29.沃尔科夫齐1号冢(1897年发掘);19.沃尔科夫齐4号冢4号墓葬

图4－8－1 简单马辔泡和串珠来源

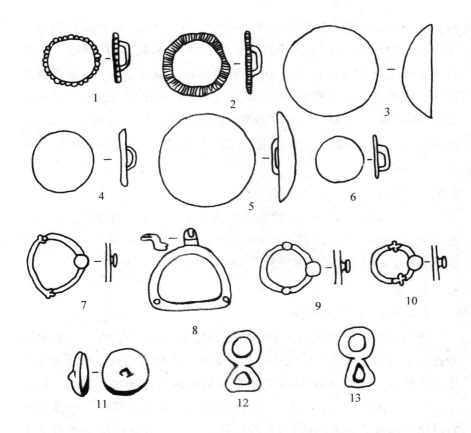

1.别利斯基冢墓;2.阿克休京齐1号冢(1886年发掘);3、5、6、8—12.沃尔科夫齐;4.阿克休京齐("上斯台金"区)2号冢;7.沃尔科夫齐4号冢4号墓葬;13.沃尔科夫齐1号冢(1897年发掘)

图4-8-2　简单马辔泡和串珠来源

早期样品中有2件扣(图4-8-1:1)的底板为菱形(№17.084、17.085——沃尔科夫齐7号冢出土)。它的化学冶金指数(锡铅青铜、西方原料)更为接近西方生产的一些产品(如镜,№19.755——沃尔科夫齐出土;№19.753——巴索夫卡出土;№19.754——罗缅县出土)。产于外地作坊的可能还有2件波波夫卡14号冢出土的"心形"扣(图4-8-1:7;№19.958、19.959)。金属成分与它完全相同的是一些独特的器物:沃尔科夫齐7号冢的带鹰首的杆头(№17.082、17.083),沃尔

·欧·亚·历·史·文·化·文·库·

科夫齐 4 号冢 4 号墓的圆锥形器（№19.779），"老墓"的镫形马衔的一支（№17.271），脚镯（№19.931、19.952，№12.518，№17.081）。去掉 37 件异类金属制造的扣之后，其他器物出现了以下情况[1]：锡青铜的比例由原来的 43% 下降到 14%，但是锡铅青铜的比例由原来的 57% 提高到 86%；原料来源也发生了变化：北高加索原料上升到第一位（占 59%），东方原料和西方原料差不多（东方部分占 23%，西方部分占 18%）。

4.6.3 节约

公元前 4 世纪流行的节约的化学冶金指数是另一种情况。在我们分析的 18 件样品中，17 件由锡铅合金制造（占 94%），只有 1 件由锡青铜制造（占 6%）；北高加索原料占 44%，西方原料占 56%。

4.6.4 泡

4.6.4.1 动物风格泡

这类泡是一类非常重要的器物。在第聂伯河左岸的森林草原地带遗址中泡的出现非常广泛——从公元前 6 世纪末它就开始成为主要的马䭊部件。我们对 40 件有艺术造型的泡进行了光谱分析（图 4 - 9 - 1：1—31；图 4 - 9 - 2：1、2）。为了进行比较，我们还使用了第聂伯河右岸出土的有艺术造型的泡（7 件）、伏尔加河下游地区出土的有艺术造型的泡（11 件）、库班河出土的有艺术造型的大、小泡（23 件）（图 4 - 9 - 2：3—36）的分析资料。

4.6.4.2 透雕泡（图 4 - 9 - 1：1）

沃尔科夫齐的 8 号冢出土了 10 件造型奇特的泡，B. A. 伊林斯卡娅认为它们的年代属于公元前 6 世纪末（古希腊晚期）[2]。装饰动物纹的四角泡，偶尔也见于公元前 4 世纪。但是与沃尔科夫齐相似的器物很难找到，虽然看起来"透雕泡……有斯基泰根源"[3]。但是"……色雷斯的一些泡……具有完全与沃尔科夫齐 8 号冢的泡相同的外形。

---

〔1〕器物的数量减少到 22 件.

〔2〕Ильинская В А,1968,130 页.

〔3〕Мелюкова А И,1976,116 页;Ильинская В А,1968,130 页.

И. 韦涅季科夫倾向于认为……它们来源于哈尔希塔特文化(Hallstatt Culture,1200BC—475BC,分布于中欧——译者注)的几何形花结"[1]。3 件泡(№17.105—17.107)的分析数据显示,它们都由西方原料的锡青铜(2 件)和锡铅青铜制造。这些泡的化学组成与沃尔科夫齐、巴瑟、罗缅县、马丘希的铜镜(№19.753—19.755,№20.613)以及罗缅县的权杖(№19.674)、鹰首马镳(№19.827、19.828)、菱形泡(№17.084、17.085)几乎完全一致。这种原料一致的现象使我们认为,它们有着共同的生产中心,以西方原料为基础,并于斯基泰早期在第聂伯河左岸建立了自己的生产中心。斯基泰马镳饰物中不常见的是山羊形象的泡——它们只在波波夫卡农庄的 10 号冢出现过。B. A. 伊林斯卡娅认为年代属于公元前 6 世纪末至公元前 5 世纪初(图 4 - 9 - 1:2)。这些泡的化学成分与上述泡以及其他外地产品完全一致。为了比较,我们引用了顺图克冢(位于库班河北岸)的山羊形泡(№10.597)的分析结果[2]。顺图克泡的形态与波波夫卡的泡不完全相似,化学冶金指数也不相同(顺图克泡由北高加索原料的锡铅青铜制造)(图 4 - 9 - 2:3)。

4.6.4.3　十字形泡

这类泡在公元前 6 世纪末至公元前 5 世纪初的遗址中总共发现了 3 件,其中一件来自沃尔科夫齐(2 号冢,1897 年挖掘,№19.649,图 4 - 9 - 1:3)[3]。有人认为这些泡是在奥利维亚制造的[4],或者"如果不是在奥利维亚直接生产的,那么也是按照奥利维亚的样品生产的"[5]。因为没有关于奥利维亚生产中心的金属资料,判断这些泡是否在奥利维亚生产的问题还为时过早。关于这个问题,Б. H. 格拉科夫的观点更能让人接受。目前只分析了两件这样的泡[6],与透雕泡和山羊形泡

[1]Мелюкова А И,1976,116 页,图版 Ⅱ:15.

[2]Барцева Т Б,1974a,附录,图版 Ⅱ.

[3]Капошина С И,1956,139 页,图 16;Граков Б Н,1947,33 页,图 4、5.

[4]Капошина С И,1956,173 - 175 页.

[5]Граков Б Н,1947,33 页.

[6]出自奥利维亚墓地的十字形泡(№18.074,图 21:35),ИА АН СССР 光谱分析研究室档案.

不同,它们是由另一个生产中心生产的,用的也是北高加索的原料。其化学成分与加夫里洛夫卡的镜柄完全一致,而这件镜上装饰着豹的雕刻(№19.764)。

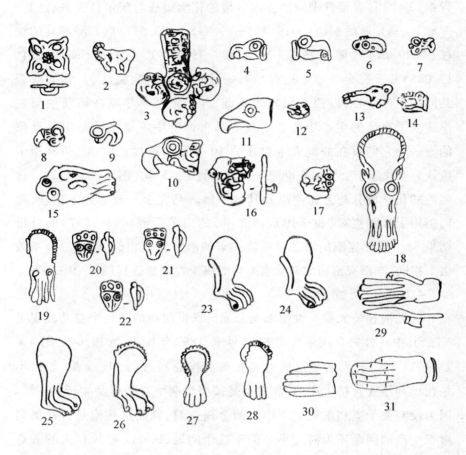

1.沃尔科夫齐8号冢;2.波波夫卡10号冢;3、11、17、25.沃尔科夫齐2号冢(1897—1898年发掘);4、6.阿克休京齐("上斯台金"区)12号冢;5、7、12、16.巴索夫卡499号冢;8、10、13.罗缅县;9.沃尔科夫齐;15、33.沃尔科夫齐4号冢4号墓;18、29.阿克休京齐("上斯台金"区)2号冢;19.博尔兹纳1号冢;14、20—24.阿克休京齐1号冢(1886年发掘);26.波尔塔夫希纳;27、28.阿克休京齐2号冢(1885年发掘);30.阿克休京齐(Д. Я. 萨莫克瓦索夫的藏品);31.克里亚奇科夫卡

图4-9-1 马镳部件(艺术雕刻泡)来源

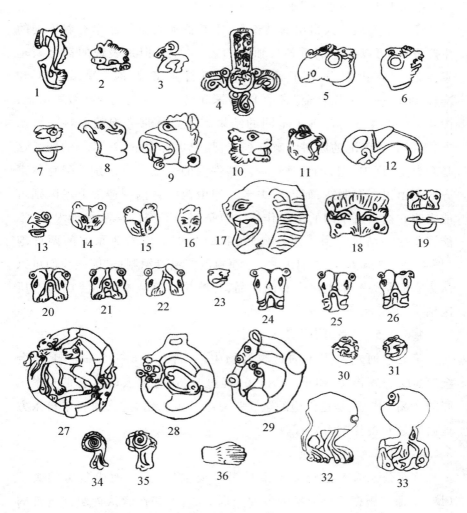

1.沃尔科夫齐1号冢（1897年发掘）；3、8、14.顺图克冢；4.奥利维亚；5、37、10.尼姆菲；7、13.布柳缅费利德12号冢2号墓；9.格里申齐10号墓；11.茹罗夫卡Г号冢；12、27.迈科普县；15.图利斯卡娅镇；16.小谢米布拉特冢群；17、18.别列斯特尼亚基4号冢；19—22、24—26.克里瓦亚卢卡；23.古利亚伊城；28、29.维加拉克33号冢；30.斯塔夫罗波尔附近的冢葬；31.库班；32、33.塔曼；34.切尔托姆雷克；35、36.盖马诺瓦娅墓

图4-9-2　马镳部件（艺术雕刻泡）来源

·欧·亚·历·史·文·化·文·库·

4.6.4.4 "驼鹿头"泡(图4-9-1:4、5)

研究这类泡让人得出的结论是,第聂伯河右岸与左岸有着不同的生产方式,可以说它们有各自独立的艺术中心,但是表现的都是斯基泰主题[1]。我们分析了两件带驼鹿首形象的泡(№16.734 和№18.069——"上斯台金"区的 12 号冢和巴索夫卡村的 499 号冢出土,图4-9-1:4、5),得到了不同的结果。阿克休京齐泡的原料来自西方,而巴索夫卡泡的原料则来自东方,其中含有大量(2.5%)的铋。这是东方金属(BK 型)的典型特征。两件泡的合金也有区别。阿克休京齐的泡由锡青铜制造,而巴索夫卡的泡由锡铅青铜制造。上述区别可能表明它们出自不同的生产作坊。但是因为研究的样品数量太少,不能深化这一结论。为了进行比较,我们分析了尼姆菲冢群的两件泡(图4-9-2:5、6)。它们由 EУ 型原料的锡铅青铜制造,因此我们可以认为它们是另一个生产中心的产品,与苏拉河流域冢群出土的泡有所区别。

4.6.4.5 "格里芬头"泡

第聂伯河左岸出土的这类器物中,一件(№16.735——"上斯台金"区 12 号冢出土;图4-9-1:6)经过分析,有观点认为它是左岸工匠的产品[2]。但是这件泡的金属是复杂的铜锡铅合金,原料来自东方地区微量元素贫乏的矿石。

4.6.4.6 "鹰首"泡

这是公元前 5 世纪斯基泰马辔上最常见的泡,做成猛禽的头部(鹰)形象。根据这种形象的各种表现手法,一些作者认为装饰鹰首的泡就是在右岸的森林草原和奥利维亚生产的[3]。合金(锡铅青铜占主导地位),特别是多样的化学(原料)指数的多样性(三种原料,即 C-K型、3 型和 B 型全部出现)表明,当时存在着几个生产"鹰首"泡的中心,但是详细证明这个观点还有待进一步的研究。由西方原料制造的

[1]Шкурко А И,1976,96-98 页,图 2:5;图 2:13;图 3:9、10.

[2]Ильинская В А,1968,131 页.

[3]Капошина С И,1956,138 页;Шкурко А И,1976,96 页.

有波尔塔夫的泡（№19.842；图 4 - 9 - 1：10）、沃尔科夫齐的泡（№19.789；图 4 - 9 - 1：9）、巴索夫卡的泡（№18.071；图 4 - 9 - 1：7）。由北高加索原料制造的有沃尔科夫齐 2 号冢的两件泡（№19.653、19.654；图 4 - 9 - 1：11）。与东方原料（BK 型）有关的则有罗缅县的泡（№19.843；图 4 - 9 - 1：8）。

4.6.4.7 "狮头"泡

狮头形的泡普遍发现于公元前 5 世纪的遗址中，"……可能产于奥利维亚制造"[1]或者"希腊殖民城市的生产中心"[2]。但是这种题材在第聂伯河右岸和库班河北岸尤为常见。而在第聂伯河左岸只发现两批——分别出自阿克休京齐村[3]和巴索夫卡的 499 号冢。我们对巴索夫卡出土的一件泡（№18.072，图 4 - 9 - 1：12）作了光谱分析，发现它与其他泡（例如：顺图克、图利斯卡娅站、谢米布拉特尼、别列斯尼基等地的遗物，图 4 - 9 - 2：14—18）既有艺术风格的不同也有化学冶金指数的不同。风格上与巴索夫卡泡接近的大概是古利亚伊城冢出土的一件（图 4 - 9 - 2：23）。

巴索夫卡和古利亚伊城的两件泡都是由锡铅青铜制造的，原料来自东方。在所有泡中仅此两件装饰狮头形象，由东方原料制造。经过分析的泡基本上都是用北高加索原料制造的，其合金有两种，即锡青铜和锡铅青铜，两者的数量基本相等。另外几件泡值得特别注意，造型是狮子头的正面，狮鬃梳向两侧（图 4 - 9 - 2：18）。它们位于出土于别列斯尼基村 4 号冢的腰带正面。这些泡都使用了西方的原料，材质是锡青铜和锡铅青铜。很有可能它们是当地的作坊生产的，一起生产的还有一些独特的东西。化学冶金指数与它们接近的有沃尔科夫齐墓地出土的杆头（7 号冢，№17.082、17.083）、脚镯（№17.081，№12.518，№19.931、19.952）、锥形杆头（№19.779）和"翅膀形"马面饰（№19.786、19.787）。

---

〔1〕Онайко Н А,1966,33 页.

〔2〕Ильинская В А,1968,132 页.

〔3〕Ильинская В А,1968,图版 ⅩⅩⅥ:6.

4.6.4.8 "野猪头"泡

这种泡广泛出现于公元前 5 世纪的马銜上。这类题材出现于古典希腊艺术,而后由博斯普尔的古典希腊中心传播到第聂伯河左岸[1]。А.И.什库尔科[2]研究了这类泡的表现手法以后,认为在第聂伯河左岸发现的野猪头形象的泡是典型的当地艺术中心的产品。我们对 6 件泡(№19.838、19.839——罗缅县出土;№18.070——巴索夫卡村附近的 499 号墓出土;№19.730—19.732——沃尔科夫齐村附近 4 号墓地的 4 号墓葬出土;图 4 - 9 - 1:13—15)作了分析。为了进行比较,我们分析了尼姆菲以及"弯弓"墓地出土的泡(图 4 - 9 - 2:24—26)。结果表明,所有的泡,无论它们在艺术风格上怎么不同,都由一种合金(锡铅青铜)制造。它们的区别在于原料的来源上。在第聂伯河左岸发现的 6 件泡中有 5 件是由北高加索原料制造的,只有来自巴索夫卡的 1 件(№18.070;图 4 - 9 - 1:14)是东方"BK"类型的原料,金属器中所含的 3%的铋和 0.1%的砷可为证明。

与第聂伯河左岸的泡有所区别的是,尼姆菲和"弯弓"墓地的泡只由东方原料制造,可能说明这里只有一个生产中心[3]。它们的艺术风格相似也能说明这一点(图 4 - 9 - 2:24—26)。

4.6.4.9 "熊掌"泡

这类泡出现于公元前 5 世纪初期[4],并在整个公元前 4 世纪一直使用。因此"早期的器物形象非常逼真,在公元前 4 世纪变成纯粹的装饰图案"[5]。有人认为,这类泡是由第聂伯河左岸的工匠生产的,"一些泛斯基泰题材设计得如此新颖,以至他们看起来像是独创的"[6]。我们分析了 5 件这类泡,其中只有阿克休京齐村 1 号冢出土的 2 件(№17.067、17.068,图 4 - 9 - 1:23、24)是由乌拉尔的锡青铜

〔1〕Ильинская В А,1968,133 页.

〔2〕Шкурко А И,1976,97 页,图 2:14.

〔3〕ИА АН СССР 光谱分析研究室档案.

〔4〕Мелюкова А И,1976,115 页,图 6.

〔5〕Мелюкова А И,1976,116 页.

〔6〕Шкурко А И,1976,98 页,图 2:16.

（EY 类型）制造的；其余的 3 件（№19.647、19.648——沃尔科夫齐村的 2 号冢出土；№20.608 为波尔塔夫辛纳的偶然采集品；图 4 - 9 - 1：25、26）由锡铅青铜制造，使用的是北高加索原料，产于同一个生产中心，地点可能就在第聂伯河左岸。与阿克休京齐的泡相比，前者的年代可能更晚些，因为出自沃尔科夫齐村 2 号冢，除了早期的器物以外，出土的马镳年代为公元前 5 至前 4 世纪[1]。两件出自阿克休京齐 2 号冢的"五指形熊掌"（№19.682、19.831；图 4 - 9 - 1：27、28）以随意的手法表现了"人手"的形状[2]。与它们同出的器物不仅有公元前 5 世纪的，而且有公元前 4 世纪普遍使用的（如铜镞和带三角形边框的圆扣）。与沃尔科夫齐、波尔塔夫辛纳的泡一样，阿克休京齐 2 号冢的"熊掌"泡与它们生产于同一个作坊（材质为锡铅青铜，原料来自北高加索）。它们的相似之处还有"熊掌"泡的上边装饰着联珠纹（比较图 4 - 9 - 1：26—28）。为了比较，我们选取了尼姆菲、塔曼、切尔托姆雷冢和盖马诺娃墓出土的熊掌泡。它们的年代为公元前 5 至前 3 世纪（图 4 - 9 - 2：32—35）[3]，虽然与第聂伯河左岸的泡材质和化学组成相似，但是形态差别明显。

4.6.4.10 "人手"泡

这是非常奇特的一批青铜泡，"在第聂伯河流域仅存在了一段有限的时间（公元前 5 世纪中期）"[4]。这类"神奇（功能）"的器物经常"出现在高加索—哈尔希塔特和欧洲中部的许多遗址。这种纹饰以及它在斯基泰艺术中的起源问题已经成为专门的研究课题"[5]。我们对 3 件泡作了光谱分析（№19.819——阿克休京齐出土；№17.015——阿克休京齐 2 号冢出土；№20.620——克里齐科夫卡村冢出土；图 4 - 9 - 1：29、30）。多样的化学冶金指数和多样的艺术风格使我们很难判断这些器物的生产中心。我们只想指出，阿克休京齐 2 号冢出土的泡，与同

---

〔1〕Ильинская В А,1968,120 页.
〔2〕Ильинская В А,1968,135 页.
〔3〕ИА АН СССР 光谱分析研究室档案.
〔4〕Шкурко А И,1976,98 页,图 2:19.
〔5〕Ильинская В А,1968,135 页.

出的其他器物一样,原料和配方都属于东方的作坊(图4-9-1:29)。

4.6.4.11 "蜷曲猛禽"泡

这类题材不仅广泛流行于黑海北岸,而且广泛流行于中亚和西伯利亚。

我们分析了3件这类泡,其中2件(№19.655、19.656——沃尔科夫齐2号冢出土;图4-9-1:17)由西方原料制造,材质是锡铅青铜和锡青铜。特别有趣的是巴索夫卡村499号冢出土的泡(№18.068;图4-9-1:16)。它由锡铅青铜制造,其中铅的含量为0.8%,属于人工添加的门槛值,属于东方原料(EY型)。这些泡不是用钮来固定的,而是借助于末端带帽的销钉。它们在塞克—索罗马特人的马辔上普遍使用[1]。

为了比较,我们使用了维加拉克墓地出土的泡、迈科普县出土的泡(图4-9-2:27)以及巴索夫卡的采集品。它们的原料都来自东方,材质为锡青铜(维加拉克的泡)和锡铅青铜(迈科普县的泡)。其他的库班河流域的泡并不严格遵循材质和原料的组合规律(图4-9-2:30、31)[2]:既可以是锡铅青铜和西方原料,也可以是锡青铜和北高加索原料。

4.6.4.12 "卧伏"野兽泡

这类泡在斯基泰人的马辔中很少见,只在第聂伯河左岸发现两件(№17.214——博尔兹纳1号冢出土;№17.016——阿克休京齐2号墓出土;图4-9-1:18、19)。它们和所有同出器物都由锡青铜制造,原料为微量元素贫乏的乌拉尔矿石(EY型)。在斯基泰艺术中,这样的化学冶金成分偶尔也见于阿克休京村1号冢出土的"熊首"泡(№17.062、17.064、17.065;图4-9-1:20—22)。

---

〔1〕Вишневская О А,1973,图版Ⅰ:6、19;图版Ⅱ:1;图版Ⅴ:18;Смирнов К.Ф.,1964,图版21:2а,в;图版80:2.

〔2〕ИА АН СССР光谱分析研究室档案;Барцева Т.Б.,1974а,图版Ⅱ.

4.7　马额饰(鼻饰)、马面饰

动物风格装饰还见于公元前 5 至前 4 世纪马的额饰(鼻饰)和面饰上。经常出现的动物种类有:"鹰"(№20.609——马丘希出土;图 4－10－1:1);"格里芬"怪兽(№17.013、17.014——阿克休京齐"上斯台金"区 2 号冢出土;№19.652——沃尔科夫齐出土;№19.681——阿克休京齐 2 号冢出土,1883—1885 年发掘;№12.511——别利斯克冢群出土;图 4－10－1:2、3、5);"鹿"(№19.790——沃尔科夫齐 2 号冢出土);长耳的"奇怪动物"(№19.651——沃尔科夫齐出土,№19.804、19.721——沃尔科夫齐 1 号冢出土;№16.517——阿克休京齐"老墓"附葬墓——指冢形成以后埋入封土的墓葬,这种墓可以是同部落用来埋葬后死的成员,也可以是后来的其他部落利用封土埋葬自己的成员,与冢墓主人不一定有关系(译者注)出土;图 4－10－1:4、6—10)。

4.7.1　马额饰

在所有的动物风格马额饰中,我们总共分析了 11 件。它们与马辔的其他部件一样,使用了两种铜基人工合金:锡青铜和锡铅青铜。同时应该注意到,阿克休京齐 2 号冢出土的两件马额饰(№17.013、17.014)的材质也是锡青铜。令人注意的是这些器物的微量元素都很贫乏,可能与南乌拉尔的金属有关系。虽然使用了东方原料,但是材质为锡铅青铜的,有"老墓"冢附葬墓出土的马额饰(№16.517,图 4－10－1:10)以及沃尔科夫齐 1 号冢出土的马额饰(图 4－10－1:7)。我们所分析的大多数马额饰都是用北高加索的原料制造的。作为背景资料,我们对比了库班河北岸的一些动物纹马额饰,分别来自谢米布拉特冢群、迈科普县、古里斯卡娅镇 6 号冢(图 4－10－1:17、23;图 4－10－2:1、4)、乌克兰草原的"尖墓"、"盖马诺娃墓"、切尔托姆雷克(图 4－10－1:18、20—22),还有第聂伯河右岸的森林草原地带、普鲁瑟 9 号冢、别列斯尼基5号冢(图4-10-1:19;图4-10-2:2)[1]。

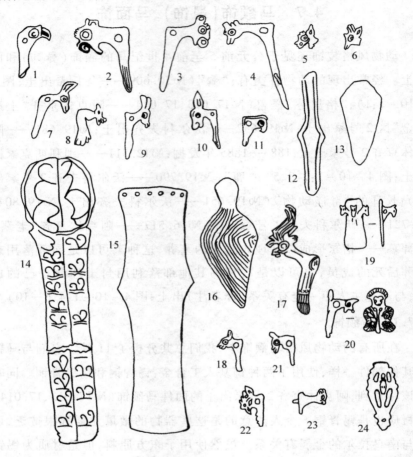

　　1.马丘希;2、4.阿克休京齐("上斯台金"区)2号冢;3、9.沃尔科夫齐;5.阿克
休京齐2号冢(1885年发掘);6.沃尔科夫齐2号冢(1897—1898年发掘);7、8.沃
尔科夫齐1号冢(1897年发掘);10."老墓";11.别利斯基冢群;12、13.罗缅县;14.
沃尔科夫齐4号冢4号墓;15.沃尔科夫齐4号冢3号墓;16.沃尔科夫齐2号冢
(1897—1898年发掘);17.谢米布拉特Ⅳ号冢;18.尖墓;19.普鲁瑟9号冢;20."科济
尔"冢;21.盖马诺瓦娅墓;22.切尔托姆雷克;23.谢米布拉特Ⅵ号冢;24.迈科普县

　　　　图4-10-1　马辔部件(马额饰和马面饰)来源

[1]ИА АН СССР 光谱分析研究室档案.

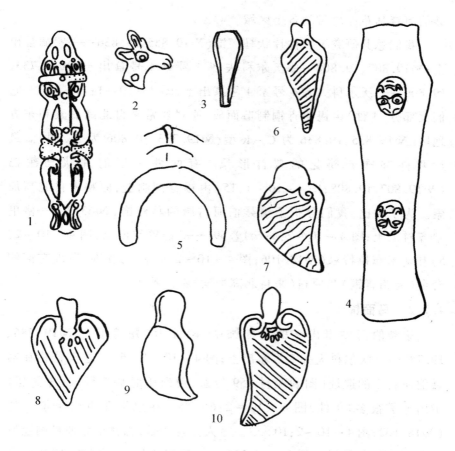

1.古里斯卡娅镇;2.别列斯特尼亚基5号冢;3.格里申齐;4.小谢米布拉特A
号冢;5、6.普鲁瑟;7、8.图利亚459号冢;9.别列斯特尼亚基5号冢;10.尼姆菲

图4-10-2 马镳部件(马额饰和马面饰)来源

　　与第聂伯河左岸的马额饰不同的是,在我们比较的几个区域的马
额饰中出现了另外的材质和原料组合。例如,库班河北岸金属器的东
方原料和北高加索原料比例相当,锡青铜和锡铅青铜比例同样如此;
在第聂伯河右岸,使用的是北高加索原料和西方原料,配料是锡铅青
铜;而在草原地带东方原料居多,锡铅青铜的数量略高于锡青铜。

　　上述化学冶金指数的多样性以及艺术风格的独特性结合在一起,
毫无疑问地证明当时存在着几个生产中心,分布于黑海沿岸北部和第

·欧·亚·历·史·文·化·文·库·

聂伯河森林草原地带的各个区域。

我们总共研究了 6 件片状马额饰（№19.835、19.836——罗缅县出土；№19.807、19.808——沃尔科夫齐 3 号冢 4 号墓出土；№19.733、19.806——沃尔科夫齐 4 号冢 4 号墓出土；图 4 - 10 - 1：12—15）。它们大部分（4 件）由锡铅青铜制造而成，原料通常来自北高加索和东方地区（№19.835、19.836 为 C - K 型；№19.733、19.806 为 BK 型）。最后两件装饰着简化的鹰首形象。有两件大型的片状马额饰（№19.807、19.808；图 4 - 10 - 1：15）由锡青铜制造，原料来自北高加索。为了对比，我们分析了第聂伯河右岸的马额饰（№6317——格里申齐村出土；图 4 - 10 - 2：3；№19.691——普鲁瑟出土：图 4 - 10 - 2：5）和谢米布拉特冢（№18.106，图 4 - 10 - 2：4）的马额饰，发现它们的合金（锡铅青铜）和原料（来自北高加索）都一致[1]。

4.7.2　马面饰

第聂伯河左岸出土的马面饰中，两件为"翅膀形"（№19.786、19.787——沃尔科夫齐 2 号冢出土；图 4 - 10 - 1：16）。这类器物在第聂伯河右岸的遗址（图利亚村 459 号冢；别列斯尼基 5 号冢；普鲁瑟）中出土了很多（9 件，图 4 - 10 - 2：6—9）。在尼姆菲也出土了一件（№18.102；图 4 - 10 - 2：10）[2]。令人注意的是，森林草原地带的遗址中出土的所有马面饰都由一种合金——锡铅青铜——制造，原料来自西方地区（有 7 件）和北高加索（4 件）。这个地带的工匠们没有利用东方原料来制造这些马面饰。只有来自尼姆菲地区的一件经过分析的马面饰是由东方原料制造的。不同的加工手法（包括器物的尺寸，"翅膀"和纹饰的形状；图 4 - 10 - 2：6—10）以及原料来源的区别，大概表明它们是在不同地方制造的。

这样，我们通过对第聂伯河左岸大量器物（共 86 件）的研究，可以就它们的化学冶金特征得出一系列结论。

---

〔1〕ИА АН СССР 光谱分析研究室档案.
〔2〕ИА АН СССР 光谱分析研究室档案.

在公元前 5 至前 3 世纪第聂伯河左岸的马銜部件中,我们可以看到两种类型的合金:锡青铜(占 9%)和锡铅青铜(占 91%)。实际上,锡铅青铜在公元前 5 至前 4 世纪的任何区域都没有占绝对优势,只是到了年代最晚的时期(公元前 4 至前 3 世纪),草原地带和伏尔加河下游地区的器物群才出现复杂的铜锡铅合金远远多于铜锡合金的情况(草原地带的铜锡铅合金占 71%,锡青铜占 29%;伏尔加河下游地区的铜锡铅合金占 91%,锡青铜占 9%)。

经我们研究的各个区域的器物有着各自不同的原料来源组合。在乌克兰的左岸森林草原地带,原料主要来自北高加索(占 59%),西方原料的比例低很多(占 28%),东方原料尤其低(占 13%)。

在第聂伯河右岸的森林草原地带我们看到了另一幅画面。在那里,北高加索原料同样占主要地位(60%),但是西方原料的比例要高很多(35%),而东方原料的比例很低(仅占 5%)。在塔曼—库班河流域的遗址中,原料来源分布如下:60% 来自北高加索,34% 来自东方,只有 6% 来自西方。在草原地带和伏尔加河下游地区的晚期遗物中,西方原料完全不存在,而且东方原料所占的比例也不相同(在草原地带,东方原料占 41%,而在伏尔加河下游地区则低些,为 27%)。

根据上述各个区域的金属加工的不同,我们可以认为当时存在几个不同的生产中心,分布于每个区域,并向一定区域输送自己的产品。有人说:"斯基泰人日常生活中的许多器物,包括马銜的金属部件,开始生产于希腊城邦的手工业作坊,然后通过贸易到达斯基泰人的手中"[1]。但是这个观点并不受支持。有可能在公元前 5 世纪之前,马銜上泡、马额饰、马面饰的生产已经形成了统一的方法。这种趋势广泛流行于黑海沿岸(库班—塔曼遗址)以及森林草原地带和草原地带的各个区域中。此外,每个区域(森林草原地带和顿河流域)还形成了自己的独特风格[2],让我们不禁设想当时存在几个艺术中心。我们对马

---

〔1〕Ильинская В А,1968,111 页.

〔2〕Шкурко А И,1976,91 页.

辔部件的化学冶金研究证实了这个观察,使得我们能够讨论第聂伯河左岸的本地作坊。它们的工匠可能依照外来的样式,但是又进行了本地化。同时,在公元前5至前4世纪,相同的金属加工技术出现在广大的地域范围内(城市中心、草原和森林草原地带)。工匠们只使用锡青铜和锡铅青铜合金,并且只使用三种原料:北高加索原料、东方原料和西方原料。这种现象不能仅仅解释为一个生产中心的活动,其中还有贸易和交换体系的广泛发展。人们交换的不仅仅是商品,还有可能交换生产经验。

与早期相比,马辔和马具构造在公元前6世纪与前5世纪之交发生了变化,同时发生变化的还有生产技术。各种合金的比例发生了彻底的改变。在过去(公元前6世纪),锡青铜和锡铅青铜比例大体相当(锡青铜占52%,锡铅青铜占48%);现在(也就是公元前5世纪)91%属于复杂的铜锡铅合金。原料来源有所扩大:在公元前6世纪,北高加索原料占统治地位(88%);到了公元前5至前4世纪,东方原料和西方原料的比例迅猛上升(达到41%),而北高加索原料的比例下降(占59%)。发生这些化学冶金特征变化的原因,不仅仅在于生产经验的完善和积累,而且在于它符合整个历史的发展进程。手工业的发展,贸易的拓宽,以及与周围世界的对外交流增加,都影响到生产领域。要知道正是在这个时期,希罗多德所描述的著名的商贸之路发挥了作用,它加强了希腊中心的影响。我们也不能排除个别外来民族的涌入(例如,我们不能忽略第聂伯河右岸和沃尔斯科拉河流域的部族之间存在着密切的接触,或者非斯基泰部落参加了斯基泰人抵抗大流士的战争)。

4.8 杆头、权杖

在苏拉河流域的冢墓中发现了大量的青铜杆头,极为精致和独特。关于它们的年代、用途和来源问题,已经得到了一些研究者的注意[1]。光谱分析的结果显示,一些杆头的来源问题与它们的生产加工问题有密切关系。我们分析了 14 件杆头的金属成分(18 个分析数据),年代都属于公元前 6 至前 5 世纪。其中包括三个化学组:东方组居多(14 个);西方组和北高加索组一样(各有 2 个)。由来自东方组金属制造的器物有两件出自"老墓"(№12.274、12.275;图 4 - 11 - 1:1)的牛首形杆头,两件出自波波夫卡 5 号冢的"鸭首形"杆头(№19.916、19.917;图 4 - 11 - 1:2),两件带夸张大耳朵兽头——根据冠部推测是"格里芬"——的杆头[2](№19.664、19.665;图 4 - 11 - 1:6、7);还有一件出自沃尔科夫齐村附近 476 号冢的杆头,带怪异的格里芬—绵羊首和附带的野兽花纹(№19.662;图 4 - 11 - 1:3)。上述杆头的合金相

1."老墓";2.波波夫卡 5 号冢;3、4、7.沃尔科夫齐村 476 号冢;5、6.沃尔科夫齐;8.沃尔科夫齐 7 号冢;9、10.罗缅县;11、12.沃尔科夫齐 1 号冢(1897 年发掘)

图 4 - 11 - 1　第聂伯河左岸出土的杆头和祭祀用权杖来源

〔1〕Шлеев В В,1950;Іллінська В А,1963.

〔2〕Іллінська В А,1963,45 页,图 3.

·欧·亚·历·史·文·化·文·库·

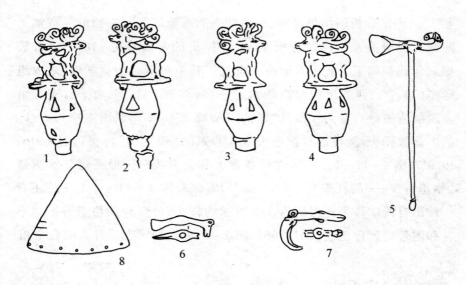

1—4. 沃尔科夫齐;5、6. 罗缅县;7. 阿克休京齐("上斯台金"区)15 号冢;8. 沃尔科夫齐 4 号冢 4 号墓

图 4－11－2　第聂伯河左岸出土的杆头和祭祀用权杖来源

同,都是复杂的以铜为基体的锡、铅、砷四元合金,其中锡、铅占百分之几,而砷的含量从百分之零点几(0.5%)到百分之几(3%)。这些金属器的化学成分中都有高含量的铋,从0.01%到0.7%(图4－12、4－13:a、б、г)。

　　同样的地理化学特征也见于中亚的东方组金属器(参阅图3－5直方图:乌兰固木、维加拉克;图2－3:卡拉苏克),不见于其他组的金属器,包括西方组[1]。一切证据都让我们认为,由这类铜料制造的器物都是外来的,从欧亚大陆的东部输入到第聂伯河左岸。铜料中所见的添加砷的现象与此并不相左,因为砷在东方普遍使用。与这些杆头一起出土的其他独特而新颖的金属器,就是出自格拉西莫夫卡2号墓带鹰首的盘形镜(图4－16:1),出自博布里奇村冢的带野猪纹钮的盘形镜(图4－17:3),采集到的盘形镜(图4－16:6)。化学冶金组成图

[1]Черных Е Н,1976,图3.

的一致性使我们认为，这些器物来自相同的几个生产中心，从生产地扩散至很大的范围，传播到很远的地方。另外两件带"格里芬"头的杆头或许也可以视为东方生产的，它们出自沃尔科夫齐村附近的 476 号墓（№19.918、19.919；图 4 – 11 – 1:4、5）[1]。与上述几件器物不同的是，这两件杆头中砷、铋的含量较低（分别为 0.2% ~ 0.3% 和 0.007%），而镍和钴的含量较高（分别为 0.4% 和 0.9%）。考虑它们与№19.664、19.665 的杆头（图 4 – 11 – 1:6、7）的艺术风格相似，镍、钴含量也见于乌兰固木的青铜器中，我们认为可以把这些杆头归入东方组。

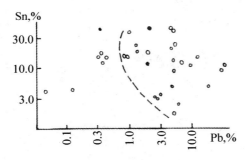

空心圈代表晚期杆头，实心点为早期杆头

图 4 – 12　早期和晚期杆头的锡、铅含量的对应关系

其他生产中心的杆头在数量上远远少于东方组（2∶14）（№19.769、19.770 来自罗缅县；№17.082、17.083 来自沃尔科夫齐 7 号冢；图 4 – 11 – 1:8—10）。来自沃尔科夫齐 7 号冢的鹰首杆头（图 4 – 11 – 1:8）不同于东方制造的地方在于它们的锡铅铜料中含有低量的铋和砷以及百分之零点零几的镍和钴，接近西方原料的金属成分（图 4 – 13:в）。与西方生产的其他器物不同的是某些"奥利维亚"镜（出自马丘希）和柄部为艺术造型的独特的镜（出自巴索夫卡冢和沃尔科夫齐冢；图 4 – 16:8、11—13），在铜料的地理化学指数上锑的含量不一致。这样的分歧很可能说明它们是在不同的生产中心制造的。

在罗缅县发现的另一对杆头（№19.769、19.770；图 4 – 11 – 1:9—

---

〔1〕Ильинская В А,1968,图版 X X X VI:11、12.

83

10)的组成与东方原料和西方原料都不同,无论是地理化学特征,还是合金特征(图4-13)。它们的锡青铜原来来自北高加索地区,其中主要的杂质有铋、锑、砷、镍、钴和铅,含量都不高于0.01%。这些杆头的艺术风格同样颇为独特。

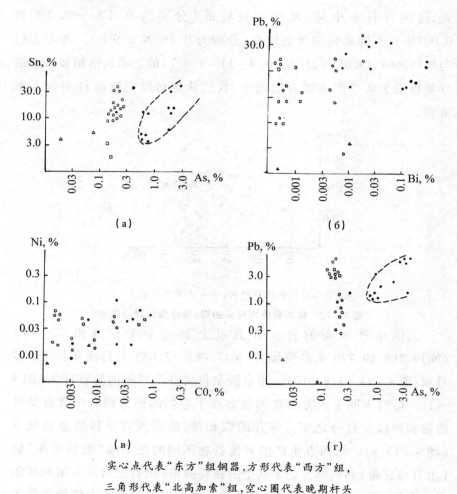

(a)   (б)

(в)   (г)

实心点代表"东方"组铜器,方形代表"西方"组,
三角形代表"北高加索"组,空心圈代表晚期杆头

图4-13   杆头的锡—砷(a)、铅—铋(б)、镍—钴(в)、铅—砷(г)含量的对应关系

与上述器物最为接近的是库班河北岸出土的杆头,年代为公元前6世纪和公元前5至前4世纪。它们是镂空铃,带揳钮或者太阳纹,来

自克列尔梅斯和图利斯卡娅镇[1]。克列尔梅斯的铃形杆头装饰了夸张的大耳朵兽首(图4-14:2)。但是克列尔梅斯出土的早期遗物中，除了锡青铜，偶尔(4件)还能见到纯铜。

说到公元前6世纪和公元前6世纪与公元前5世纪之交的早期杆头，我们还应该观察野兽风格的青铜斧钺—权杖，它们在当时或者是王权的象征，或者是军事首领的权杖[2]。

这类器物广泛出现于公元前7至前5世纪的多瑙河流域哈尔希塔特文化的人群中[3]。

我们对3件小斧(4个分析数据)作了光谱分析(图4-11-2:5、7、8;№16.770出自阿克休京齐15号冢;№19.674出自罗缅县;№19.830出自亚尔莫林齐村冢)。为了进行比较，我们还分析了帕斯特尔斯科出土的"鹰首"小锤(图4-14:14)，没有发现它们的金属具有一致性(无论是合金类型还是化学组成)。出自罗缅县(№19.674;图4-11-2:6)和亚尔莫林齐(图4-11-2:7)的铜锡铅合金小斧可能属于西方来源的金属器。但是罗缅县的权杖所用的金属更接近于外来的"奥利维亚"镜和"希腊"镜，而亚尔莫林齐的斧所用的金属则与沃尔科夫齐7号冢出土的杆头所用的金属一致。

与第聂伯河左岸的权杖不同的是，帕斯特尔斯科耶出土的有很强杀伤力的"鹰首"小锤(图4-14:14)由铜砷锡合金制造，锑的含量很高(达0.6%)。这种情况以及器物中高含量的铋(达0.6%)和不含钴的特征接近于东方生产中心的产品(BK型矿料)[4]。阿克休京齐15号冢的斧钺—权杖是由来自北高加索的锡青铜制造的(№16.770;图4-11-2:8)。

公元前5至前4世纪的杆头给出了一幅鲜明而独特的金属冶金组分布图。用于比较的资料(来自第聂伯河流域和库班河流域的草原地

〔1〕Барцева Т Б,1974a;ИА АН СССР光谱分析研究室档案.

〔2〕Мелюкова А И,1964,68页;脚注43.

〔3〕Граков Б Н,1971,94页.

〔4〕Черных Е Н,1970,图19:24.

带)年代为公元前4至前3世纪(图4－11－1:11;图4－11－2:4、6;图4－14:3—13)。我们总共分析了41件杆头,属于公元前4世纪的斯基泰文化的三个组(库班组、苏拉河组、草原组)[1]。苏拉河流域晚期的大多数杆头由锡铅青铜制造而成(№19.663——出自沃尔科夫齐1号冢;№19.734、19.735——出自沃尔科夫齐;№19.932、19.660a、19.6616——出自布坚基),少量为锡青铜制造而成(№19.661、19.661a、19.6606——出自布坚基;图4－11－2:3),并且铅的含量已经接近人工添加量的临界值(0.3%)。苏拉河流域杆头所用的原料都来自北高加索地区。这样的情况在其他地区还没有遇到。很有可能,这些器物是苏拉河流域本地生产的。只有一件造型独特的"圆锥形"杆头(№19.779——出自沃尔科夫齐4号墓;图4－11－2:6)是由西方原料制造的,或可间接说明它是在其他中心生产的。如此一致的分布图在其他地区还没有发现。在库班河北岸,这个时期的大多数杆头都是由西方原料制造的[2],配方为锡青铜和锡铅青铜,两者的比例相当(图4－14:3、4)。草原地带出土的杆头中,我们分析了18件,其中8件是由西方原料制造的(占44.5%,图4－14:5、7、11),另外10件使用了北高加索原料(占55.5%,图4－14:6、8—10、12、13)。我们发现,由西方原料制造的杆头往往带有人的形象("木瓜",图4－14:5)和水鸟的形象(图4－14:11),这些杆头要么可能是舶来品,要么可能是由外来的原料制造的。因为没有完整地分析草原地带的器物,解决它们是否为当地生产的问题还为时过早。

总之,我们分析了苏拉河流域两个时期的一系列杆头,并与其他地区的同类器物做了比较,因此我们就它们可能的生产地点可以得出一些结论,并且追溯它们的发展过程和各个时期的文化联系。

苏拉河流域的杆头通常使用三种类型的合金或者青铜来制造,它们分别是锡青铜、锡铅青铜和锡铅砷青铜。

---

[1]Іллінська В А,1963,47页,图4:1~6;图5.
[2]Барцева Т Б,1974a,63、64页.

1.图利斯卡娅镇;2.克列尔梅斯;3.阿纳普冢;4.库班河北岸(采集品);5.第
聂伯罗彼得罗夫斯克附近;6、7、12、13.盖马诺瓦娅墓;8、9、11.托尔斯塔亚莫吉
拉;10.亚历山德罗波尔;14.帕斯特尔斯科耶

图4-14 库班河北岸和草原地区出土的杆头和祭祀用权杖来源

·欧·亚·历·史·文·化·文·库·

只有在早期也就是公元前 6 世纪,三种合金同时存在。只是与复杂的铜锡砷铅合金比起来(占 64%),铜锡合金与铜锡铅合金的数量不多(占 36%)。

从公元前 5 世纪开始,特别是到了公元前 4 世纪,在第聂伯河左岸,锡青铜几乎被锡铅青铜代替,后者的比例上升到 82%。

进入公元前 5 世纪,复杂的锡铅砷青铜消失,而它们所占的比例在公元前 6 世纪曾经达到 64%。我们对若干类型的杆头的分析结果表明,这种合金是东方(可能是中亚)生产的杆头的特征。在苏拉河流域,这些器物以及它们的合金都是外来的。

苏拉河流域的早期——公元前 6 世纪和公元前 6 世纪与公元前 5 世纪之交——的杆头利用了三类原料:北高加索原料、东方原料和西方原料。其中东方原料只见于杆头,由复杂的四元合金制造。更晚的遗物所使用的东方原料以及配方中没有发现添加砷的情况。

在第聂伯河左岸的早期器物中西方原料的比例相当高(22%)。其中部分器物可能是由西方原料制造的。在罗缅县采集到的斧钺—权杖(№19.674)是外来的器物。它们的化学冶金资料与其他的罕见于苏拉河流域的器物(例如"奥利维亚"镜和"希腊"镜)之间的对比可为佐证。其他的杆头和权杖大概就是在当地制造的,但是使用了外来的原料,例如沃尔科夫齐 7 号冢出土的杆头(№17.082、17.083)、来自亚尔莫林齐的权杖(№19.830)。

到了公元前 4 世纪初,第聂伯河左岸的工匠更喜欢用锡铅青铜和北高加索的原料来制造杆头(94%)。标准化的化学冶金特征和独特的艺术风格使得我们认为它们是公元前 5 至前 4 世纪的苏拉河流域本地的青铜工匠制造的。

把苏拉河流域和库班河流域的早期杆头加以比较,我们可以清楚地看到它们之间的差异,无论是冶金特征(库班河流域的锡青铜占75%),还是地理化学特征(库班河流域的北高加索原料为 100%)。这种分歧表明,以前的观点是错误的,"苏拉河流域杆头联系的基本方向和来源"不在库班河流域的早期斯基泰人[1],而主要在东方(中高加索)。

苏拉河流域晚期(公元前5至前4世纪)的杆头与库班河流域以及草原地带之间的杆头比较分析表明它们之间完全不同,说明到了公元前5世纪,特别是到了公元前4至前3世纪,它们每个地区或者自己生产这类金属器物,或者各自由不同的生产中心提供产品。

4.9　祭祀用刀

在"老墓"的封土里发现的祭祀用刀(№16.733、16.734;图4－15:1、2)是斯基泰器物中非常独特的东西。这些器物的年代属于公元前6世纪中期。B. A.伊林斯卡娅认为,它们与阿克休京齐出土的器物接近,"它们的来源与东方文化有关,在早期斯基泰文化的形成过程中扮演了一定的角色"[2]。"老墓"的刀由东方的锡青铜制造,原料中微量元素贫乏(EY型)。同样使用东方金属原料的为第聂伯河右岸的莫什纳冢出土的两件刀(图4－15:3)。但是这些刀中铋的含量很高(0.08%),接近于北哈萨克斯坦的青铜器(如阿伦卡沙2号冢、3号冢出土的刀,图4－15:5—7)[3]。或可推测,森林草原地带(阿克休京齐和莫什纳)出土的刀是在欧亚大陆的东部地区制造的,因为在那里发现了大量的相似物[4]。别列斯尼基村5号冢出土的两件刀有着完全不同的化学成分(图4－15:4),它们是由西部地区的原料制造的,是另外的生产中心的产品,不过样式可能是外来的。

4.10　梳妆用品

4.10.1　镜

第聂伯河左岸地区出土了大量的镜,类型繁多,存在时间延续达

〔1〕Ильинская В А,1968,159页.

〔2〕Ильинская В А,1968,155页.

〔3〕ИА АН СССР光谱分析研究室档案.

〔4〕Смирнов К Ф,1964,106页.

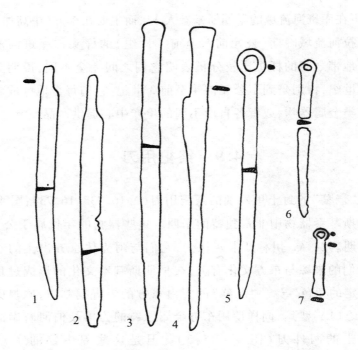

1、2."老墓";3.莫什内;4.别列斯特尼亚基 5 号冢;5.维加拉克 21 号冢;

6.阿楞卡什 3 号冢;7.阿楞卡什 2 号冢

图 4－15　祭祀用刀来源

三百年(从公元前 6 世纪到公元前 4 世纪,甚至公元前 3 世纪)。最早的镜出现于公元前 6 世纪末至前 5 世纪初,包括桥形钮镜和帽头柱形钮镜和"奥利维亚"镜。我们总共分析了 11 件,都属于斯基泰早期。

4.10.1.1　带缘的、中心为桥形钮的盘形镜

我们分析了 4 件样品(№19.943 为采集品;№19.947 出自波波夫卡 6 号冢;№20.683 为采集品;№16.749 出自格拉西莫夫卡 2 号冢;图 4－16:1—4)。人们一般认为这种类型的镜很有可能属于欧亚大陆东部地区的索罗马特人和斯基泰人,使用时间一直延续到公元前 6 世纪末—公元前 5 世纪初[1]。经过分析的所有出自第聂伯河左岸的森林草原地带的铜镜,其合金类型相同,都是锡砷青铜,在第聂伯河左岸斯

〔1〕Смирнов К Ф,1964,155 页;Петренко В Г,1967,35 页;Ильинская В А,1968,152 页.

基泰时期的金属器中罕见。其中锡的含量由 4% 到 12%,通常搭配百分之几的砷。

上述铜镜的化学特征也颇为独特,它们的铜料中含有浓度较高的铋和锑(达到了百分之零点几)。这是蒙古和北哈萨克斯坦斯基泰时期金属器的特征,因此简直就是由欧亚大陆东部输入的器物。我们的样品中森林草原地带出土的铜镜不多(不超过 5 件),它们的化学指数完全一致,可以间接证明它们是由一个生产中心生产的,从那里被输送到乌克兰森林草原。

4.10.1.2   帽头柱形钮铜镜

这类铜镜的分布范围很大,从谢米格拉季一直延伸到米奴辛斯克盆地、阿尔泰和北哈萨克斯坦。和中心带钮柄的镜一样,它们从东方传播到斯基泰人群中。东方是它们起源的中心[1]。它们是公元前 6 世纪的特征器物。我们分析了 3 件(№19.823 出自阿克休京齐;№20.612、№17.128 为罗缅县的采集品),其中两件(№20.612、№17.128)由多元的铜—锡—铅—砷合金制造。它们的化学成分富含多种微量元素,有铋、锑、钴,这是西伯利亚和亚洲金属原料的特征。属于例外的是阿克休京齐出土的镜,其合金类型为锡铅青铜(№19.823;图 4 - 16:7),同时含有低量的银、锑和砷(百分之零点零零几至百分之零点零几),但是钴的含量很高(0.15%),这样的特征更接近于 E. H. 契尔内赫划分出的西南各州的 Ⅱ6 型金属[2]。

因此,我们所分析的铜镜(按照化学指数)属于外来器物,从东部和西部来到森林草原。为了进行比较,我们分析了 5 件同类镜,分别出自库班河北岸(采集品)、卡拉斯墓地和博布里奇村冢(图 4 - 17:1—4)。铜镜的金属成分完全可以作为背景资料,特征非常明显:库班河北岸出土的铜镜,钮头为鹰的造型,由锡青铜制造,原料来自西方。镍、钴的含量达到 0.1%。这件镜与森林草原地带出土的铜镜的区别在于

〔1〕Смирнов К Ф,1964,155 页;Ильинская В А,1968,152 页.
〔2〕Черных Е Н,1976,图 3:7.

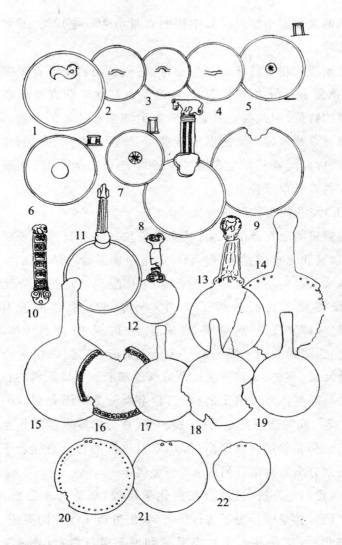

1.格拉西莫夫卡;2.波波夫卡 6 号冢;3、8、16、20—22.罗缅县;4、5.波尔塔夫希纳;6.格利尼谢;7、18.阿克休京齐(Д. Я. 萨莫克瓦索夫的藏品);9.波斯塔夫穆基;10.加夫里洛夫卡;11.马丘希;12.巴索夫卡;13.沃尔科夫齐 4 号冢 4 号墓;14.沃尔科夫齐 4 号冢 3 号墓;15、19.阿克休京齐 1 号冢(1886 年发掘);17.沃尔科夫齐 6 号冢

图 4 - 16　第聂伯河左岸森林草原地带遗址出土的铜镜来源

外部特征。它的盘面直径大(22 cm),柱形钮的高度达 7 cm,帽身为鸟的雕塑。苏拉河流域铜镜的盘面直径不超过 14 cm,钮高 2 cm,帽面或者呈花结形,或者呈动物形(比较图 4 - 16:5—7 和图 4 - 17:1)。这里顺便指出,苏拉河流域的"西方"镜与"东方"镜存在差异,其规格尺寸完全不同(直径 11 cm,钮高 3.5 cm,图 4 - 16:7)。"西方"镜的外缘垂直贴在盘面上,同"东方"镜一样,很容易向后弯曲。

博布里奇冢和卡拉斯墓地出土的铜镜(图 4 - 17:3、4)像苏拉河流域部分铜镜一样,由东方原料制造,合金类型为锡铅砷青铜和锡砷青铜;它们可能都是外来的器物。但是在库班河北岸已经出现了自己的生产中心,使用当地的北高加索原料和锡青铜合金(图 4 - 17:2)。这些器物的样式很有可能借用了外来器物。

我们比较了所谓"西伯利亚类型"的两种铜镜,发现了一个有趣的现象:中心具桥形钮的铜镜由锡砷青铜制造,而具柱形钮的铜镜则是复杂的锡铅砷青铜。制作它们所用的原料都与东方矿产地有关系。时代相同、分布地域相同、产地相同,现在看来它们的化学成分也相同,而合金类型不同,或可说是它们生产于斯基泰时期欧亚大陆东部不同的作坊。

4.10.1.3 "奥利维亚"镜

我们分析了 3 件具柄镜。一件的柄端是绵羊首,出自马丘希村附近的墓地(№20.613,2 个分析数据;图 4 - 16:11)。另外两件的柄端为豹的造型(№12.552 出自波斯塔夫穆基,№19.754 出自罗缅冢群;图 4 - 16:8、9)。

为了便于比较,我们分析了另外 5 件铜镜(共 9 个分析数据),分别来自库班河北岸、采姆多林、阿斯特拉罕省(均为采集品)、古利亚伊城 38 号冢(出土品)(图 4 - 17:5—9)。"奥利维亚"镜存在于公元前 6 世纪末期(公元前 566 年以后),抑或公元前 6 世纪与公元前 5 世纪之交。苏拉河流域的豹形柄铜镜和绵羊形柄铜镜都由锡铅青铜制造。生产所用的原料来自西部各区的矿产地(可能是巴尔干—喀尔巴阡山),因为它们含有很高的钴、镍(百分之零点零几)。铜镜的地理化学成分的另一个特点是不含微量元素锑。下面将会谈到,古希腊铜镜也

93

具有这样的特征。化学冶金成分最为接近的"奥利维亚"镜有4件，分别来自罗缅县、阿斯特拉罕省、古利亚伊城38号冢、马丘希村冢（图4-16:8、11；图4-17:7、9）。波斯塔夫穆基出土的铜镜稍微有些不同（№12.552；图4-16:9）。

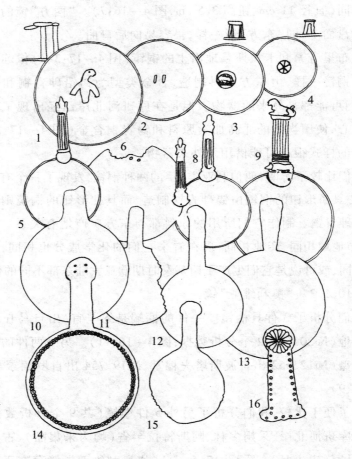

1、2、9.库班（征集品）；3.博布里察35号冢；4.卡拉斯4号墓；5.古利亚伊城38号冢；6—7.乌兰埃尔格村；8.采姆多林；10.尼科波利附近；11.斯拉德科沃冢；12.库马克2号冢2号墓；13.梅切特赛8号冢；14.斯塔夫罗波尔附近的墓葬；15.第聂伯罗彼得罗夫斯克附近；16.基辅州

图4-17　库班河北岸、第聂伯河右岸森林草原和草原地带出土的铜镜来源

库班河北岸地区发现的"奥利维亚"镜(图4-17:8、9)的化学冶金指数非常与众不同。库班河北岸的一件采集品(图4-17:9)的柄部装饰着两只动物:野猪和狮子。它由锡铅青铜制造,但是与苏拉河流域镜不同的是,它使用了东方地区的原料(南乌拉尔类型,矿石中的微量元素贫乏,即 EY 型)。采姆多林(1973年 H. A. 奥奈科发掘)出土的铜镜(图4-17:8)和大部分"奥利维亚"镜不同,是在另外的作坊中生产的,在化学冶金成分上它更接近于具柱形柄的盘形镜。

总之,我们所研究的"奥利维亚"镜多半是在西部的生产中心制造的。寻找更为准确的产地(奥利维亚或者更西部地区)还为时过早。为此必须详细研究奥利维亚和西部地区(古希腊和色雷斯)的生产状况。

4.10.1.4　加夫里洛夫卡的镜柄(№19.764;图4-16:10)

这件器物,依照 Б. H. 格拉科夫的看法,可能属于公元前6世纪初的遗址;依照 C. И. 卡波希娜的看法,它可能属于公元前6世纪的后半段[1]。

从柄部豹的造型风格看,加夫里洛夫卡的镜柄与沃尔科夫齐和奥皮什梁卡墓地出土的十字形铜泡最为接近(Б. H. 格拉科夫认为其年代为公元前6世纪末;B. A. 伊林斯卡娅甚至认为到了公元前5世纪的上半段)[2]。加夫里洛夫卡的镜柄和沃尔科夫齐的镜柄(№19.649)是同一种合金,原料都来自北高加索,说明它们是一个生产中心生产的,但是要确定这个生产中心的位置还为时过早。

4.10.1.5　"希腊"镜(图4-16:12、13)

我们分析了巴索夫卡出土的两件(№19.753),它们的柄是安插上去的,柄端做成伊奥尼亚柱头,上面为"格里芬"头像。它们存在于公元前5世纪初。一般认为这件铜镜是"奥利维亚金属工匠"生产的[3]。

沃尔科夫齐墓出土铜镜的柄,装饰着裸体的阿佛洛狄忒和斯芬克司(№19.755;图4-16:13),这是另一件经过光谱分析的"希腊"镜。

〔1〕Капошина С И,1956,175、176页.

〔2〕Граков Б Н,1947,32页;Граков Б Н,1971,101页;Ильинская В А,1968,77、78页.

〔3〕Онайко Н А,1966,34页.

它的年代为公元前 6 世纪的后半段[1]。装饰题材不是奥利维亚青铜器的常见题材,我们有理由认为它是从希腊传过来的。

我们对希腊镜的研究表明,它们与上述罗缅县、马丘希的"奥利维亚"镜在化学冶金特征上完全相同,可以认为它们是由一个作坊生产的,都使用了西方的原料。

4.10.1.6 侧柄盘形镜

从公元前 5 世纪到公元前 4 至前 3 世纪(斯基泰时代晚期),在第聂伯河左岸的森林草原地带分布着柄与镜面连铸的侧柄镜。我们分析了 3 件样品(№17.093——沃尔科夫齐 6 号冢出土;№17.079,№16.748——阿克休京齐 1 号冢出土;图 4 – 16:17—19),其中№17.093 和№17.079 由以北高加索原料为基础的锡青铜制造;另外一件由锡铅青铜制造,原料为东方类型(ЕУ,№16.748,图 4 – 16:18)。

类似的铜镜大量发现于索罗马特人的遗址中,其年代最早为青铜时代末期(К. Ф. 斯米尔诺夫分类法中的 I 型镜)[2]。

为了比较,我们分析了乌拉尔山脉西南地区出土的 3 件铜镜,以及斯基泰草原部分斯拉德科沃冢出土的 1 件铜镜(图 4 – 17:10—13)。镜的金属成分非常清楚,所有的乌拉尔山脉西南地区和斯拉德科沃的铜镜都有一样的合金类型和化学成分(ЕУ 型原料)。它们毫无疑问是一个东方的生产中心的产品[3]。铜镜出自斯拉德科沃冢的一座亚马逊墓葬,可见是外来的器物,从南乌拉尔的索罗马特游牧区传播到顿河流域。另一组铜镜发现于苏拉河流域和斯基泰草原(尼科波利附近的采集品)。这些铜镜虽然是锡青铜,但是它们用的是北高加索的原料,与东方器物不同。属于例外的是阿克休京齐村附近 1 号冢出土的№16.748(图 4 – 16:18),它由另一种合金即锡铅青铜制造,但是原料为 ЕУ 型。这件铜镜大概是当地制造的(森林草原生产中心),但是用了外来的原料。这种使用他种合金的情况在东方中心的同类器物中

---

〔1〕Онайко Н А,1966,30 页,图版 XIX:6.

〔2〕Смирнов К Ф,1964,153 页.

〔3〕Мошкова М Г,Рындина Н В,1975,120 页.

还没有遇到过。

4.10.1.7 "库尔—奥巴"镜

它们最早出现于公元前 6 世纪末黑海北岸的古希腊城邦,从那里渗透到斯基泰地区。基于柄部装饰和造型特征,其中一些铜镜"可以归为奥利维亚作坊的产品"[1]。另一种观点认为这些铜镜就是斯基泰人在当地生产的[2]。

苏拉河出土的这类铜镜中经过光谱分析的几件(№17.080——阿克休京齐 1 号冢出土;№19.765——布坚基出土;№20.669——采集品;图 4 - 16:14—16),像侧柄盘形镜一样,材质都是锡青铜,但是原料来自北高加索。我们有理由认为它们都是一个地方的产品,而且更可能是当地的产品,而不是来自城邦(?)中心(可以比较"奥利维亚"镜和"希腊"镜)。为了比较,我们分析了 3 件"库尔—奥巴"铜镜。它们都是斯基泰草原地带(第聂伯彼得罗夫斯克附近)、斯塔夫罗波尔和基辅州奇吉里县出土的采集品(图 4 - 17:14—16)。与苏拉河流域铜镜不同的是,其他地区的铜镜的合金和化学成分并不统一。比如,第聂伯罗彼得罗夫斯克的铜镜是由西方原料加工的锡铅青铜制造的,斯塔夫罗波尔的铜镜用的是北高加索原料的锡青铜,而奇里吉县的铜镜用的则是锡青铜和 ПБ 型原料。上述的合金化学成分上的差异与形制的多样性(器物的大小、镜面和柄的纹饰,参考图 4 - 17:14—16)相结合或可说明,当时存在着几个不同的铜镜生产中心。

4.10.1.8 由铆钉连接柄的盘形镜

这是年代最晚(公元前 4 至前 3 世纪)的一类,由简单的盘形镜用铆钉加侧柄而成(图 4 - 16:20—22)。我们分析了 3 件(№19.940—19.942——均为苏拉河流域的采集品)。这类铜镜广泛分布于整个黑海北岸[3],而在其他地区(索罗马特人分布区)则很少见到。

我们既没有发现统一的配方,也没有发现统一的化学成分。我们

---

〔1〕Онайко Н А,1966,34 页.

〔2〕Смирнов К Ф,1964,159 页;Петренко В Г,1967,35 页.

〔3〕Петренко В Г,1967,35 页.

分析的样品中,两件(№19.940、19.941)是由西方类型的原料制造的,但是合金类型不同,分别为锡青铜和锡铅青铜。二者的器形也各有特点,一件(图4-16:20)边缘突起,盘内有刺孔,而另一件(№19.941;图4-16:21)没有这些特征,这些镜可能来自不同的作坊群。第三件铜镜(№19.942;图4-16:22)也很有特征,其合金为早期类型,即锡砷青铜,因此属于古代东方地区的早期产品(参阅桥形钮铜镜部分)。要具体指明这一类型铜镜的生产地点,还有待进一步的资料积累和研究。

总之,前面我们分析了一大批铜镜(26个分析数据),年代从斯基泰早期一直延续到该文化的全面兴盛时期(从公元前6世纪到公元前4至前3世纪)。为了提供背景资料,同时为了和苏拉河流域铜镜进行比较,我们还分析了中间地区和更远地区(索罗马特人分布区)的24件铜镜。

从上述分析样品的冶金特征和化学成分分布的不均衡,我们可以就第聂伯河左岸森林草原地带的不同类型铜镜的生产中心问题谈一些看法。

年代最早的铜镜为桥形钮盘形镜,由东方原料的锡砷青铜制造,与斯基泰时期黑海北岸和森林草原地带冶金业的特征完全不同。考虑到它们的起源地和分布区域,我们有理由认为,这些铜镜是在欧亚大陆的东部生产的。它们之所以流传到第聂伯河左岸,或者因为贸易,或者因为与东方地区的其他接触。

柱形柄盘形镜与第一类铜镜的存在年代相同时,但是它们的合金类型不同,是锡铅砷青铜。当时可能存在着两个生产中心,按照不同的合金类型生产不同的铜镜,但是原料都来自地理化学特征相同的矿产地。在苏拉河流域发现的第二种类型即"西伯利亚"铜镜是从东方进口的。

我们检测了3件"奥利维亚"镜,共获得6个分析数据。为了比较,我们还分析了其他9个样品。结果显示,这种类型的铜镜大多数由锡铅青铜制造,原料来自西方,往往不含锑。这样一致的化学冶金特征同时证明,它们出自同一个生产作坊。人们认为它们的产地就是奥利维亚当地的作坊。因为我们还不知道"奥利维亚"的生产情况,要证实这个观点还为时过早。库班河北岸出土的这类铜镜具有另一种地理化学特征,而与森林草原地带的铜镜有所区别。或可推测库班河流域曾有生产这些铜镜的作坊,但是它们借鉴了外来的样式。

"希腊"镜的特征与上述"奥利维亚"镜完全相同,可以认为它们出自一个生产中心。并且"奥利维亚"镜和"希腊"镜都是输入森林草原地带的外来器物,它们的地理化学成分即为明证。"希腊"镜的外来特征还体现在它的外部细节上。例如,巴索夫卡墓葬出土铜镜的柄部的艺术造型似乎表明了,一方面,它是为谁制造的,因为猛禽雕塑在斯基泰野兽风格艺术中非常流行;另一方面,谁制造的(伊奥尼亚型柱头纹饰更接近古希腊城邦居民的精神世界)。

与城邦(?)生产的艺术造型的铜镜相反,"库尔—奥巴"侧柄镜全为锡青铜,原料都来自北高加索。与前者的显著差异以及本类铜镜的一致特征让我们不能不认为它们是在一个中心制造的,但是与西方产品不同。

年代最晚的用铆钉固定侧柄的盘形镜在材质和化学成分上都不一致,而且资料太少(3个分析数据),因此我们暂时无法确定它们的生产中心。

用于制造铜镜的合金有四种类型:锡砷合金、锡铅砷合金、锡合金和锡铅合金,所有的合金成分基本上都是在 0.1% ~ 10% 之间[1]。这类器物的合金类型没有分期的意义。合金类型上的区别应该与各个生产中心的冶金传统有关。在东方,公元前 6 世纪平原地区就出现了两种类型的合金:锡砷青铜和锡铅砷青铜;索罗马特人居住区锡青铜更受欢迎;在西部地区,人们使用锡铅青铜的配方;北高加索(库班河北岸—塔曼—皮亚基戈利亚)流行锡青铜和锡铅青铜的组合;苏拉河流域则存在着所有类型的合金,但是当地所产的应该是锡青铜。

---

[1]锡含量从 3% 到 20%,铅含量从 0.01% 到 12%,砷含量从 0.50% 到 2.0%.

· 欧·亚·历·史·文·化·文·库·

4.11 装饰品

4.11.1 镯子

学者们对第聂伯河左岸森林草原地带出土的各式各样的装饰品都作了分析。最为全面的描述和研究当属 B. A. 伊林斯卡娅和 B. Г. 彼得连科的论著[1]，涉及的问题有它们的年代、一些装饰品种类的来源、穿戴的方法。其中数量很多而且很有意思的一组是大型镯子(直径 11 ~ 13 cm)，即 B. A. 伊林斯卡娅命名的"脚镯"，多数出现在妇女的墓葬中[2]。本书作者收集了 19 对镯子中的 30 件，经分析之后得出以下结论：

(1)脚镯为"鲜明的地方民族因素"。

(2)在苏拉河流域以外的地方脚镯很少出现。

(3)在欧洲哈尔希塔特时代出现的脚镯与苏拉河流域的脚镯并不十分相似。

(4)大型素面镯子见于高加索青铜时代晚期文化。因为年代上存在间断，因此我们无法说高加索的器物与公元前 5 世纪苏拉河流域的脚镯之间存在什么关系。但是它们又有一系列共同特征(在末端装饰大耳朵动物的头像)，又让我们认为这样的联系确实存在。

(5)脚镯只见于公元前 5 世纪的遗址。第聂伯河左岸的镯子中，我们对 9 件做了光谱分析，其中既有末端装饰动物头像的，也有素面的(№19. 834、19. 931、19. 952、19. 966、19. 967，№17. 081，№12. 518—12. 520，图 4 - 18 - 1:1—5)。

所有镯子的原料都来自西方，其中素面的是锡铅青铜(№19. 931、19. 966、19. 967，№12. 519、12. 520)，末端装饰动物头像的为锡青铜(№12. 518，№17. 081，№19. 952)。基辅历史博物馆收藏的一件镯子(№19. 834;图 4 - 18 - 1:5)属于例外，由铜锡铅合金制造。同一种类

---

〔1〕Ильинская В А,1968,136 - 150 页;Петренко В Г,1978.

〔2〕Ильинская В А,1968,145 页.

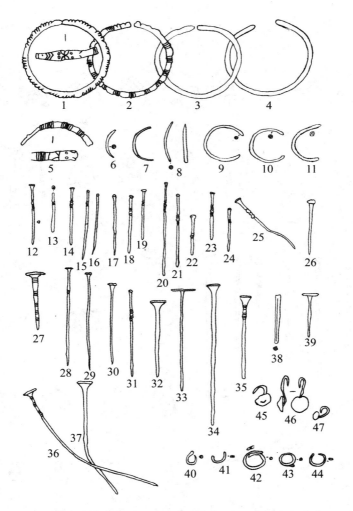

1、36、37.阿克休京齐1号冢(1886年发掘);2、3.苏尔马切夫卡;4.波波夫卡;5、59.沃尔科夫齐4号冢4号墓;6、12、39、41、42.苏季伊夫卡;7、8、11、13、38、50、55、61.别利斯克冢群;9.沃尔科夫齐5号冢;10.沃尔科夫齐6号冢;14～16、40、46、47.利哈切夫卡;17、24、27—31、45、47.波尔塔夫希纳;18、53、57、60.阿克休京齐(Д. Я. 萨莫克瓦索夫的藏品);19、48、49.阿克休京齐("上斯台金"区)19号冢;20—22.格拉西莫夫卡1号冢;23、35.波波夫卡13号冢;25、26、58.罗缅县;32、33.波斯塔夫穆基;34.主显圣容修道院;43—44.马丘希;51.格利尼谢;52、53、54.沃尔科夫齐1号冢(1886年发掘);56.阿克休京齐5号冢(北部墓葬);62.布坚基

图4-18-1 装饰品(手镯、别针、耳环—垂饰、戒指、铃)来源

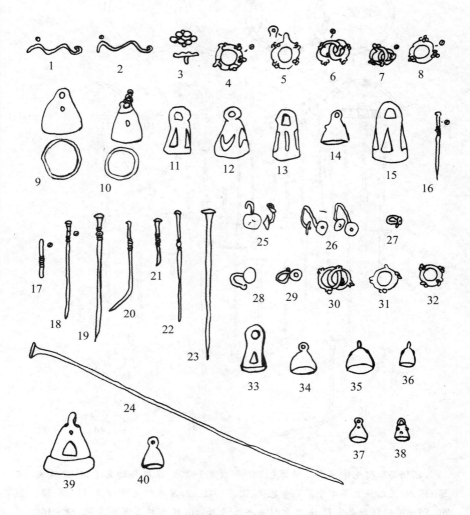

1.布克林;2.雷扎诺夫卡Ⅴ号冢;3.古利亚伊城;4.布季谢;5、10、11.格里申齐;6.特拉赫杰米罗夫;7、8.地点未知;9.布任卡;12.基辅省13、14.莫什内;15.潘季卡佩;16.先科夫卡;17.普鲁瑟;18.恰斯特冢群;19—23.盖马诺瓦娅墓葬;24.尖墓;25."科济尔"冢

图4－18－2　装饰品（手镯、别针、耳环—垂饰、戒指、铃）来源

器物的金属材料存在如此多样的化学冶金特征,我们可以认为镯子是由若干个生产中心的铸工制造的。它们都使用了西方的原料,但是合金类型不同。同时我们也发现,同一种类型的装饰品固定使用同一种原料的情况在第聂伯河左岸很少遇到。

或者脚镯是外来的产品,不是当地的器物。它们多半是在哈尔希塔特的广大遗址分布区域内生产的[1]。与苏拉河流域出土的脚镯不同的是,公元前6至前4世纪的北高加索遗址出土的镯子相似但不完全相同,它们虽然由锡青铜和锡铅青铜制造,但使用的是当地(即北高加索)的原料。

丝形镯在斯基泰早期遗址中发现的手镯是由细金属丝(截面为圆形)卷成的,有的末端直接被截掉(№17.088—17.091、17.094、17.133、№13.666;图4-18-1:9—11),有的末端带"蛇头"(№16.928、16.929)和"球结"(№20.629)(图4-18-1:6、7)。

第聂伯河左岸的最后两种镯子的年代为公元前6世纪中期[2]或者早期[3]。在我们分析的7件镯子中,5件是用北高加索原料和由此得到的锡青铜制造的。别利斯克城址出土的镯子(№13.666)属于公元前4至前3世纪,其青铜混有铅,不过这是晚期的正常现象。末端带"球结"和"蛇头"的镯子,与普通镯子一样,都是由北高加索原料得到的锡青铜制造的。需要特别注意的是沃尔科夫齐6号冢的镯子(№17.094),使用的是来自东方矿产地的原料(EY型),并按照东方的合金类型即锡青铜制造。它毫无疑问是外来的。很可惜,我们没有这座冢的墓葬结构和葬俗的资料,因此不能拿它与其他金属器物进行比较(我们研究了一系列遗址如"上斯台金"区的阿克休京齐2号冢出土的镯子)。"斯科罗波尔"地区别利斯克7号冢出土的镯子(№17.133;图30:9)的铜料与"奥利维亚"铜镜和"希腊"铜镜(№19.754;№20.613;№19.753;№19.755)的铜料相似。

---

〔1〕Петренко В Г,1978,58 页.

〔2〕Ковпаненко Г Т,1967,169 页,图43:13.

〔3〕Ильинская В А,1968,145 页;Петренко В Г,1978,49-53 页.

4.11.2 别针(图 4 – 18 – 1:12—39)

苏拉河流域和沃尔斯科拉河流域出土的别针中,我们分析了两个类型,年代都属于公元前 6 世纪与公元前 5 世纪之交直到公元前 5 至前 4 世纪[1]。

最早的"钉子形"别针带小帽,杆的上部有凹弦纹,见于公元前 6 世纪的遗址。我们分析了 17 件,其中大部分(11 件)来自沃尔斯科河流域(№20.064——波波夫卡出土;№20.599、20.604、20.614——波尔塔夫辛纳出土;№20.712、20.713——卢比内出土;№17.051—17.053——格拉西莫夫卡出土;№16.765——阿克休京齐 19 号冢出土;№19.822——阿克休京齐出土;№16.930—16.932——别利斯克 4 号冢出土;№17.154—17.157——利哈切夫卡村出土;№20.626——苏季伊夫卡出土)。首饰匠们用来制造这种器物的主要合金类型是锡青铜(14 件),只有 3 件别针(№20.064——波波夫卡出土;№20.604——波尔塔夫辛纳出土;№17.154——利哈切夫卡村出土)由锡铅青铜制造。这些器物虽然合金类型一致,但是看不到原料的一致性,其中东方原料的数量(有 3 件)少于北高加索原料的数量(6 件)和西方原料的数量(8 件)。同时,由西方原料制造的别针在形态上彼此相似:都有小的平顶帽头,中部饰凸棱纹(№20.064、20.626,№17.154、17.155,№16.930—16.932,图 4 – 18 – 1:12—14、23、31)。由北高加索原料制造的别针,有时上部没有这些凸棱纹,并且全由锡青铜制造(№16.765,№20.712、20.713,№17.052、17.156、17.157;图 4 – 18 – 1:15、16、19、21、25、26)。

为了比较,我们分析了一些第聂伯河右岸出土的相似的别针。它们均由锡青铜制造(图 4 – 18 – 2:1—7)[2],与第聂伯河左岸的情况一样,其西方原料和北高加索原料的比例大体相当(5:4),东方原料只发现了一件。但是与左岸的别针不同的是,右岸的别针不是由锡铅青铜

---

〔1〕Ильинская В А,1968,143 - 144 页;Петренко В Г,1967,29 - 30 页;Петренко В Г,1975;Петренко В Г,1978,7 页.

〔2〕ИА АН СССР 光谱分析研究室档案.

制造的。看起来在第聂伯河左岸和右岸或者存在着专门的生产中心，在那里专门生产这些装饰品；或者是部分别针（由西方原料制造的锡铅青铜，№20.064、20.604，№17.154）从其他生产中心来到这里，它们生产的别针与森林草原地带的不同。

到了公元前 5 世纪初，特别是在公元前 5 至前 4 世纪，带平帽的大型别针在苏拉河流域得到广泛传播。有人认为，"生产中心在苏拉河流域，这些别针从那里传播到邻近的一些地区"[1]。另一种观点认为，"在第聂伯河中游地区出现这种类型的别针，极有可能是受到了欧洲南部文化的影响，因为那里从青铜时代就有了这种别针"[2]。我们手头的样品中，15 件来自第聂伯河左岸，来自第聂伯河右岸的只有 3 件。与早期的带小帽的"钉子形"别针不同，大型别针往往由两种合金制造而成，数量差不多；锡铅青铜 8 件（№17.077、17.078、17.111、№20.062、20.063、20.600、20.618，№12.551），锡青铜 7 件（№13.667、№12.549、12.550，№20.601—20.603、20.636）。制造大型别针所用的原料来自三个矿产地，数量相等（各 5 件）。这种多样性的存在可能不光是这个时期的特征，而且是金属生产的特征。例如，"脚镯"与大型别针在原料指数上年代相同，而它们之间的差异很可能是因为它们来自不同的生产中心。

4.11.3　耳环（图 4 - 18 - 1 :40—47）

青铜耳环在第聂伯河左岸的遗址中不是经常发现，也不像第聂伯河右岸有那么多的类型[3]。在沃尔斯科拉河流域若干遗址出有耳环，而在苏拉河流域只有两处（亚尔莫林齐村附近的 54 号冢；阿克休京齐村附近的 16 号冢）。在这里发现的金耳环不早于公元前 5 世纪，而且它们可能是古希腊生产中心的产品[4]。

耳环中年代最早的类型，耳针弯成弧形，带钉形帽，公元前 6 世纪

---

〔1〕Ильинская В А,1968,145 页.

〔2〕Петренко В Г,1967,30 页.

〔3〕Петренко В Г,1967,31、32 页.

〔4〕Онайко Н А,1966.

的墓葬中常见[1]，曾发现于利哈切夫卡村附近的沙丘上（№17.150、17.151）以及波尔塔夫辛纳（№20.610、20.611）（图4-18-1:45—47）。所有早期类型的耳环都是锡青铜制造的,来自西方原料的有2件（№17.151,№20.611）;来自东方原料的有一件（№17.150）;来自北高加索原料的有一件（№20.610）。类似的耳环大量出现于第聂伯河右岸的森林草原地带（我们对10件耳环作了光谱分析[2],分别来自格里申齐、基辅州、扎鲁宾齐、莫什内）（图4-18-2:10—14）。10件耳环中9件是由西方原料制造的,其中8件为锡青铜,只有一件是铜铅合金。其中一件（格里申齐采集品）钉子形耳环使用了北高加索的原料,不过这可能是年代较晚的器物[3]。第聂伯河右岸的"钉子形"耳环的分析结果表明,可以确定它们是由一个生产中心制造的,工匠们只用了西方地区的原料。或可推测它们与西波多利斯克州有联系,因为这样的装饰品在那里很流行[4]。钉子形耳环出现在第聂伯河左岸,看来是黑森林文化和早期斯基泰时代的部分居民向这个地区迁徙的结果。在整个斯基泰阶段,第聂伯河右岸和沃尔斯科拉河流域的部族之间存在着密切的关系[5]。我们推测,沃尔斯科拉河附近的工匠开始在当地生产当时流行的耳部装饰品,使用的是北高加索和东方的原料（№20.610,№17.150）。不过沃尔斯科拉河流域用北高加索原料制造的耳环形态有所不同,它们呈简单的环形,截面为圆形,两端或者交合或者分开,有时候末端形成球结状（图4-18-1:40—44）。这种耳环的材质与前面的不同,锡铅青铜占主导地位（5件）,不过锡青铜也存在（2件）。

4.11.4　联珠环

联珠环是很让人喜欢的一组装饰品（图4-18-1:51—55）。这种

---

〔1〕Петренко В Г,1967,55页;Петренко В Г,1978,21页;Ковпаненко Г Т,1967,157页.

〔2〕ИА АН СССР 光谱分析研究室档案.

〔3〕Петренко В Г,1978,21页,第二亚型.

〔4〕Петренко В Г,1967,139页;Петренко В Г,1978,25页;Ильинская В А,1968,139页;Ковпаненко Г Т,1967,157页.

〔5〕Ковпаненко Г Т,1967,184-186页;Петренко В Г,1967,56页.

环在苏拉河流域出现于公元前 5 世纪初。类似的联珠环用作项链的组成部分（公元前 4 至前 3 世纪），在其他地区公元前 6 至前 5 世纪的个别墓葬中还发现了其他用法（用于佩戴长剑）[1]。除了黑海北岸，联珠环也出现在色雷斯人的墓葬中。我们对 8 件环做了光谱分析（№17.097—17.099——沃尔科夫齐 I 号墓出土；№19. 820、19.821——阿克休京齐出土；№12. 516——别利斯克冢出土；№17.127——格里尼谢出土；№4196——先科夫卡出土）。尽管它们的外观有所不同（例如：有的有用于悬挂的钮，№17.099，图 4 - 18 - 1：52；珠的数量不等），所有的环都由锡铅青铜制造，原料都来自北高加索（№12.516、№4196 属于例外），说明它们是同一个作坊生产的。潘季卡佩的两件环也是用这种合金制造的[2]。因为可资比较的资料数量不多，我们暂时还不能得出确定的结论，指明生产中心的准确位置。更何况第聂伯河右岸出土的环（普鲁瑟，图 4 - 18 - 2：17）与左岸出土的环不同，是由西方原料的锡青铜制造的。对右岸森林草原遗址中金属器的进一步研究，将无疑能拓宽这些初步的结论。

4.11.5　铃（图 4 - 18 - 1：56—62）

在斯基泰时期的遗址中找到的这类物品，通常认为是马辔上的配件以及祭祀用器的悬挂物[3]。第聂伯河左岸出土了大批的铃，它们体型较大，长方形（有时候下部略微"张开"），器身带有三角形或"箭头"形的镂空。如果没有镂空，那么在器身的上部就会有一个小圆孔。所有的铃都带一个大钮，上面系绳，然后再悬挂到所依附的器物上。我们分析了一些镂空的大铃，主要出土于公元前 5 世纪的墓葬中（№19.933—19.937——布坚基出土；№19.793——沃尔科夫齐出土；№19.847——罗缅县出土；№19.938、19.939——阿克休京齐 1 号冢出土；图 4 - 18 - 1：58—60、62）。在公元前 4 至前 3 世纪，铃开始变得轻巧，尺寸变小（图 4 - 18 - 1：61；№13.642——别利斯克城址出土）。我

[1] Мелюкова А И,1975,184 页.
[2] ИА АН СССР 光谱分析研究室档案.
[3] Петренко В Г,1967,40 页.

107

们总共分析了苏拉河流域的 14 件铃,以及邻近地区遗址的 13 件对照物(盖马诺娃、"尖"墓,科泽尔和恰斯特冢[1];图 4 - 18 - 2:18—25)。

我们所分析的第聂伯河左岸的大部分铃(8 件)都是由铅锡青铜制造的(№19.847、19.933、19.936、19.939,№17.045),原料来自北高加索,少量的使用了西方原料(№19.793、19.935)和东方原料(№12.533,№13.642)。人们有时候也使用锡青铜(北高加索原料和西方原料)来制造铃(№12.534,№19.934、19.937、19.938)。我们没有发现铃的形态与所用金属之间存在什么规律性。我们把它们与草原地带的同类器物进行了比较,可知它们之间的差别不仅在于配方上(草原地带两种类型的合金比例几乎相等),而且在于化学成分上(西方原料比例很小,而东方原料比例则很大)。

上述区别可能与时间早晚有关(草原地带的器物年代大部分属于公元前 4 至前 3 世纪)。当然我们不能完全排除生产方面的因素。

由此可见,首饰匠们在制造装饰品的时候喜欢使用两种合金:锡青铜(占 57%)和锡铅青铜(占 43%)。两种配方在不同时间段所占的比例都不相同。早期的器物(公元前 6 世纪和公元前 6 世纪与公元前 5 世纪之交)主要是使用锡青铜(90%)。到了公元前 5 世纪初,两种合金的比例大体相当,而锡铅青铜的数量略胜一筹(锡青铜占 44%,锡铅青铜占 56%)。但是从公元前 4 世纪开始,后者占据了主要位置(71%的锡铅青铜和 29%的锡青铜)。

制造装饰品的原料有 3 种类型:北高加索原料(47%)、东方原料(14%)和西方原料(39%)。同时我们发现东方原料在各个时间段所占的部分都不大(在公元前 6 世纪为 13%,在公元前 5 世纪为 19%,在公元前 4 世纪为 10%)。

西方原料和北高加索原料在不同时间段所占的比例也有所不同。例如,在公元前 6 世纪,两者所占数量基本相等(45%的北高加索原料和 42%的西方原料);在公元前 5 世纪,以西方原料为主(56%的西方

---

[1]ИА АН СССР 光谱分析研究室档案.

原料和 25% 的北高加索原料);而到了公元前 4 世纪,又变成基本相等的情况,而北高加索原料略占优势(47% 的北高加索原料和 39% 的西方原料)。

我们也将第聂伯河左岸与右岸的装饰品(26 件)和草原地带(12件)的同类器物作了比较。

尽管装饰品的数量很大,但是关于草原地带和不同时间段之间的差别,尤其考虑到公元前 4 至前 3 世纪的器物,我们可以就所比较地区的金属加工业得出一些初步结论。两个森林草原区域的金属器在合金类型和化学组成上的区别还是相当明显的。在第聂伯河右岸,锡青铜所占比例(85%)远高于本区域其他合金类型,也远高于左岸(这里锡青铜占 57%)。右岸的首饰匠们主要使用西方地区的原料(占69%),而其他原料所占比例要低得多(北高加索原料占 27%,东方原料占 4%)。这样的化学冶金特征证明在斯基泰时期的第聂伯河森林草原地带存在着一些不同的生产作坊,而且他们各有各的技术传统和商贸路线。

研究结果表明,第聂伯河森林地带金属器和草原地带金属器的区别虽然很明显,但是我们还没有满意的结论,其原因既不是时间的间断,也不是我们所比较的器物种类不完全(草原地带的器物我们只研究了铃)。

4.12　金属容器

4.12.1　鍑

鍑在我们所研究的器物中,年代最早的为公元前 5 世纪的圆底球形鍑,直沿,口沿上铆接两个水平的把手,中间为桥形提梁。这件鍑出自阿克休京齐村附近的 5 号冢;类似的器物在斯基泰时期还没有发现过。此鍑由薄铜片制作而成(壁厚 2 mm,图 4-19:1)。

阿克休京齐出土的这件鍑材质为"纯"铜,原料为北高加索类型。苏拉河流域出土的另外两件鍑(№19.759、19.857;图 4-19:2、3)年

代较晚（公元前 4 至前 3 世纪），属于 K. Φ. 斯米尔诺夫所分的Ⅲ型，
B. M. 科夏年科和 B. C. 弗廖罗夫所分的Ⅱ型和Ⅲ型[1]。

与公元前 5 世纪的铜镤不同，公元前 4 至前 3 世纪铜镤的所有制造
部分（包括足、腹、柄）均为铜铅合金，铅的含量超过 1%，最高达到 12%，
锡的含量不到 0.2%。原料来源各不相同，如罗缅县的镤（№19.857；

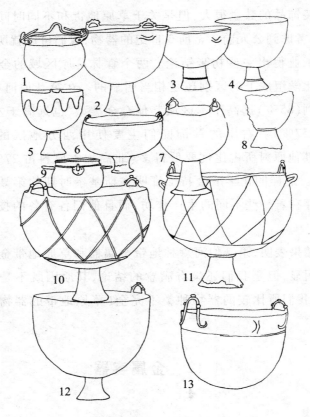

1. 阿克休京齐 5 号冢（北部墓葬）；2. 沃尔科夫齐 1 号冢（1897 年发掘）；

3. 罗缅县；4. 克里亚奇科夫卡；5. 顿河军区；6. 切尔托姆雷克；7、11. 盖马诺娃墓；

8. 新季托洛夫卡；9. 萨尔托沃；10. 奥索科洛夫卡；12. 申吉；13. 萨拉托夫州

图 4-19　青铜镤来源

[1]Смирнов К Ф，1964；Косяненко В М，Флеров В С，1978.

图 4 – 19:3）为东方原料（即 E. H. 契尔内赫所分的 BK 型[1]）。沃尔科夫齐 1 号冢出土的镍（№19.759；图 4 – 19:2）的原料是北高加索类型；同样由铜铅合金制造的还有 Б. А. 什拉姆科在别利斯克城址发掘所得的 5 件镍（№13.643、13.645、13.646、13.650、13.656），只保留部分腹壁和口沿。此外，一件镍（№13.658）的腹壁由"纯铜"制造，而一件镍（№13.644）足的残片原料属于锡铅青铜。沃尔斯科拉河流域的古代工匠们使用的原料基本上都来自东方，只有一件镍的口沿（№13.645）由西方原料制造（据 E. H. 契尔内赫）[2]。总之，我们研究的所有镍（不管是苏拉河流域出土的还是沃尔斯科拉河流域出土的）都属于以铜为基体的两种合金：铅青铜和纯铜。就数量而言，由铜铅合金制造的镍相对较多。就合金类型而言，它们与同地区其他种类的金属器不同。导致这种差别的原因很有可能是它们复杂原料和北高加索原料的比例大体相同，西方原料的比例要小一些。为了比较，我们分析了顿河流域、顿河军区、乌克兰草原、库班河流域、伏尔加河下游地区和中游地区、南乌拉尔出土的同时期以及更晚期的器物（图 4 – 18:5—8、10—13）[3]，发现它们具有不同（与第聂伯河左岸相比）的化学冶金特征。例如，在顿河流域占主导地位的是东方原料和复杂的铜锡合金。在草原地带锡青铜、锡铅青铜比例很高，铜铅合金的分量不大。同时，西方原料处于统治地位，东方原料和北高加索原料数量最少。库班河流域的情况很复杂。这里有三种合金："纯铜"、锡青铜和锡铅青铜。东方原料和北高加索原料的比例几乎相同；西方原料和铅青铜不见。在伏尔加河下游地区和中游地区，扮演主要角色的是"纯铜"和东方原料；锡青铜和锡铅青铜都稀少，西方原料和北高加索原料几乎同样重要。总之，上面观察到的不同地区青铜镍的化学冶金构成上的区别，证实了我们在前面提出的假设，即当时存在着几

---

〔1〕Черных Е Н,1970.

〔2〕Черных Е Н,1976.

〔3〕ИА АН СССР 光谱分析研究室档案.

·欧·亚·历·史·文·化·文·库·

个生产青铜容器的中心[1]。每个中心的工匠一方面依托本地的金属加工传统;另一方面,可能也取决于矿石原料的供应。

4.12.2　苏波伊河窖藏(佩夏诺耶)

在金属容器一节我们还应该简单介绍一个出土精美青铜容器的窖藏。这些青铜容器是在第聂伯河台地森林草原地带(苏波伊河流域)偶然发现的。关于它们的描述和最早的年代推断见于 O. Д. 加尼娜的著作[2]。我们对 10 件容器做了光谱分析(21 个分析数据,№19.885—19.894;图 4-20:1—10)。

这些容器由西部地区的原料制造,成分类似于"奥利维亚"镜和"希腊"镜的金属成分。可能它们是在同一批(西方)作坊中生产出来的。这样,这些容器是外来产品的观点得到了成分分析的支持。苏波伊河流域出土的容器,其材质是高锡青铜和锡铅青铜,锡的含量在 10% 至 33% 之间,铅的含量在 2% 到 12% 之间。在这类器物中,我们还没有发现别的合金类型和配料。同时,我们需要指出,同一件容器的不同部位所用的合金也不相同。例如,圈足,有时候也包括容器身上的把手,经常是由复杂的铜锡铅合金制造的;但是器身和颈部,以及附着的装饰则由锡青铜制造。这种情况的出现或许与技术细节有关,不同部件可能需要不同的合金。

我们把佩夏诺耶的窖藏金属器与潘季卡佩和马斯秋金诺的铜三耳瓶进行了比较[3]。就合金而言,它们的锡和铅含量都较低,定量分析数据都不高于 10%。它们的原料来源更为不同,马斯秋金诺和潘季卡佩的三耳瓶是由北高加索的原料制造的,这证明它们是在其他生产中心生产的(不是在西部地区)。

---

〔1〕Смирнов К Ф,1964,131 页;Косяненко В М,Флеров В С,1978,192-193 页,脚注 4-7.

〔2〕Ганіна О Д,1970.

〔3〕ИА АН СССР 光谱分析研究室档案(Черных Е Н,Барцева Т Б,1969,140 页,图版 I).

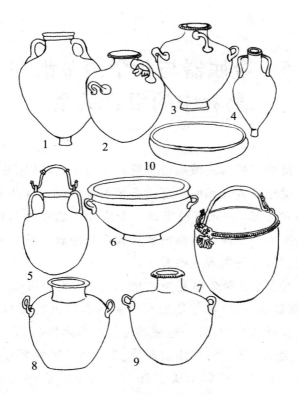

图 4-20　苏波伊河(佩夏诺耶)的金属容器窖藏

·欧·亚·历·史·文·化·文·库·

5 金属器与化学冶金组在墓葬中的组合关系

我们分析的苏拉河流域的所有资料大概来自 37 座墓葬,其年代为公元前 6 世纪或者公元前 6 至前 5 至前 4 世纪。这些墓葬几乎都遭到了严重的破坏,因此要说出每一个墓葬中的器物与各种化学指数之间的真正关系是件很困难的事。我们只想就一些器物群和保存状况最为完整的几座发表一些看法。

在东方地区,根据金属器所占的百分比,我们可以分出一些墓葬,它们口部盖木头,坑底往往洒有白灰或者红色的颜料(波波夫卡村附近的 5、6 号冢)。另外一些墓葬埋有一具木椁(沃尔科夫齐村的 476 号冢)。还有一例(阿克休京齐"上斯台金"区的 2 号冢)埋有两个木椁和一个桌子模样的木质家具[1]。简单的墓葬见于格拉西莫夫卡村的 2 号冢、沃尔科夫齐村的 9 号冢、波斯塔夫穆基村的 2 号冢、主显圣容修道院内的冢。与上述各地的墓葬相似的不仅见于第聂伯河中游地区,而且见于"欧亚大陆斯基泰时期的许多其他文化"[2]。格拉西莫夫卡 2 号冢的器物(青铜镜,中心具桥形钮,盘面上有鸟头雕塑;图 4-16-1:1)和波波夫卡村附近 5 号冢的器物(鸭首形杆头;图 4-11-1:2),如上所述,在化学冶金特征上与东方地区的青铜器最为接近。我们有充分的依据说它们是由欧亚大陆东部地区或者中亚直接输入进来的。它们与石盘(祭祀用器)一起广泛分布于欧亚大陆的东部边缘,或可推测,这些随葬品与东方地区的游牧民族有密切关系。布坚基村 476 号冢出土的所有杆头都是由东方类

---

〔1〕本书中描述的所有葬具和葬俗都引自:Ильинская В А,1968(参阅《关于冢墓》一章,附录 1 和 2)。

〔2〕Тереножкин А И,1971,19 页,脚注 20—23。

型的金属制造的(图 4 - 16 - 1:2—4、7),它们同样都是外来品。说起东方金属器的丰富程度,最有意思的要属阿克休京齐村附近"上斯台金"区的 2 号冢。它的墓葬结构很独特,里面有两层葬具,而且在内棺中央可见残存的橡木桌子。这类有两层葬具的墓葬也出现在阿尔泰和图瓦[1]。随葬品极为丰富、具有两层葬具的墓葬也见于索罗马特人的领土(塔拉—布塔克 2 号冢,皮季马雷 1 号墓地的 4、6、8 号冢,梅切特赛墓地的 9 号冢等等)[2]。这个墓葬的所有青铜器,除了青铜镞没有经过分析外,其余的都是由南乌拉尔的矿石原料制造(EY 类型),证据就是它们的化学成分中银、锑、砷、镍、钴含量较低。从冶金学角度看显然它们都属于锡青铜,也就是南乌拉尔索罗马特人的主要合金类型之一。在保存最为完整的墓葬中,这是唯一一座金属器百分之百为东方生产的墓葬。其中整套的马镳(图 4 - 2:2;图 4 - 4:7;图 4 - 7 - 1:2;图 4 - 8 - 1:5—6;图 3 - 5:23;图 4 - 9 - 1:18、29;图 4 - 10 - 1:2、4)和箭筒属于富有的游牧人,与索罗马特人的生活环境相符。唯一让人不解的是,这组器物中的马镳上的艺术造型配件在东方没有发现相应的器物。除了那些金属器百分之百为东方化学成分的墓葬外,分布最广的一类墓葬是含有部分东方原料,比例超过 50%,高于所有其他几类原料。其中最引人注目的有"老墓",巴索夫卡村的 499 号冢,博尔兹纳村的 1 号冢,1886 年发掘的阿克休京齐村的 1 号冢,阿克休京齐"上斯台金"区的 12 号冢以及阿克休京齐村的 17、20 号冢。

"老墓"中关于遗址器物的详细描述和年代,可参考 B．A．伊林斯卡娅的文章[3]。化学冶金研究的结果表明,该遗址的青铜器原料分配颇为复杂:65.5% 的金属与南乌拉尔和北哈萨克斯坦矿产地的原料有关(EY 类型),30.5% 为北高加索原料,只有 4% 为西方原料。

〔1〕Руденко С И,1960,100 页;Киселев С В,1951,335 页;Грязнов М П,Маннай - коол М Х,1973;Грязнов М П,1978.

〔2〕Смирнов К Ф,1964,87 - 89 页.

〔3〕Іллінська В А,1951.

东方地区的金属器,在斯基泰时期,很少以锡青铜合金来制造大型的祭祀用刀(图 4-15:1、2)、大型的双翼箭头(图 4-1-1:1、2)、还有成对的镫形环马衔(图 4-16:26)、部分三翼或双翼箭头(图 4-1-1:7、9;图 4-2:9)、薄片串珠(图 4-8-1:15)和部分铠甲的甲片(图 4-4:1、2)。一对独特的牛首形杆头(图 4-11-1:1)是由卡拉苏克—乌兰固木类型的锡铅砷青铜制造的。

刀鞘下端部分的青铜头(图 4-5:1)与东方原料生产的器物有所不同。它由北高加索原料制造,材质为锡青铜,铅的含量相当高(0.4%)。原料和材质与之相同的器物还有:一端带羊首的杆形马镳,马首和羊首马镳和带扣(图 4-6-1:1、2、14、16),部分铠甲片(图 4-4:3)和一副镫形环马衔(图 4-6-1:25、27)。唯一的一件器物(马衔的环)(图 4-6-1:25,右侧)是由西方原料制造的,合金类型为锡铅青铜。关于它们的形态特征,我们在前一章已经描述过了。

总之,"老墓"是苏拉河流域墓地中器物最丰富、年代最早(不晚于公元前 6 世纪中期)的一座墓葬。从随葬青铜器的化学冶金指标可以看出,这里埋葬的是一位骑兵、祭司(?),可能与欧亚大陆东部地区的游牧民族世界有密切关系。

在带有木质葬具、东方原料制造的器物占主导地位的墓葬中,我们应该谈谈巴索夫卡 499 号墓(公元前 5 世纪)。其中一批大型透雕泡最为令人注意,上面的狼像有一张拉长的脸、耳朵耷拉、咧着嘴、龇着牙。这种题材在索罗马特人中颇为流行,并从那里传播到了斯基泰世界[1]。巴索夫卡冢出土的另一部分泡装饰"蜷曲的猛兽",不是用环扣,而是用摁钮状的柱来固定到腰带上(图 4-9-1:16)。类似的固定方式经常见于哈萨克斯坦的塞克人和南乌拉尔的索罗马特人[2]。依据化学冶金指数(BK 型和 EY 型原料)以及类型学特征,这

---

〔1〕Смирнов К Ф,1964,224、225 页.

〔2〕Смирнов К Ф,1964,图版 21:2,6、в;图版 20:2 等;Вишневская О А,1973,图版 I:6、19;图版 Ⅱ:1 等;Кадырбаев М К,Курманкулов Ш К,1976,图 2,3、6.

批器物可能是欧亚大陆的东部输送过来的。

在保存最为完好且以东方组器物为主的墓葬中,我们需要注意阿克休京齐1号冢(1886年发掘)和博尔兹纳村附近的1号冢,墓葬都是简单的土坑。

阿克休京齐1号冢(1886年发掘)出土的器物群的组成并不协调,使得人们认为这是一座双人葬。各化学冶金组的分布非常清楚。所有马辔部件均由南乌拉尔金属(EY型)的锡青铜制造而成。同样的有"熊掌"、"熊首"泡(图4-9-1:23、24)、"珍珠"纹边缘圆泡(图4-8-2:21)、末端截面为菱形的S形马镳(图4-7-1:1)、球形串珠、薄片串珠以及八角形泡(图4-7-1:1;图4-8-1:14、16;图4-8-2:1—5)。这些器物毫无疑问都是一个地方制造的,就是欧亚大陆的东部地区。"熊首"雕塑在斯基泰艺术中很罕见,它同样来自东部(西西伯利亚、阿南依诺、索罗马特),这一点很多研究者都提到了[1]。与索罗马特金属有关的还有封土中发现的侧柄盘形镜(К. Ф. 斯米尔诺夫所分的Ⅰ型)。但是与马辔部件的锡青铜不同,这个镜由另一种合金——锡铅青铜制造而成,不过这不是索罗马特Ⅰ型镜的特征(图4-16:19)。它多半不属于战士本人,而属于旁边的墓葬中的妻子。他妻子的墓葬中出土了大量的钉形别针(图4-18-1:36、37)和"库尔—奥巴"镜(图4-16:15),所用原料均来自北高加索,合金为锡青铜(镜)和锡铅青铜(别针)。属于西方生产的产品,根据我们对相似器物的分析,应该是大型的"脚镯"(图4-18-1:1)。

博尔兹纳1号冢出土的随葬品中有一部分只与上面分析的"上斯台金"区2号冢的器物相似,经过分析的金属器中75%由锡青铜制造,原料为EY型的东方原料。这种独特的器物在斯基泰时期还有卧伏"野兽纹"泡(图4-9-1:19)、扣子(图4-10-1:12)和弧线圆锥体铆钉(图4-4:4)。与前二者极为接近的器物或许只见于索罗

---

[1]Ильинская В А,1968,134页;Смирнов К Ф,1964,图344д.

马特的金属器。绳索形边缘圆泡(图4-8-2:1)用北高加索原料制造,可能属于另外一个马辔。因为盗掘的缘故,墓葬遭到了严重的破坏,所以随葬品中只发现有西方原料制造的器物。

我们需要特别说说巴索夫卡6号冢。这里保存了带有顶板痕迹的木质葬具。出土的随葬品有希腊的双耳罐、由肉红玉髓和水晶制成的串珠;还有一件青铜镜,上面安装双金属(铁—青铜制)柄,柄头装饰"格里芬"和"伊奥尼亚"柱头形象。一切现象都表明这是一处富有的女性墓葬。我们在铜镜一节已经说过,巴索夫卡铜镜的生产作坊,用的是西方原料,制作的是"奥利维亚"镜和"希腊"镜。在森林草原地带,这些都是外来品,需要专门定做才行。与这座女性墓葬有关的还有遭到破坏的苏尔马切夫卡墓葬(И. А. 利尼琴科发掘),波波夫卡没有编号的一座冢和13号冢。这些墓葬出土的"脚镯"(图4-17:2)也是由西方原料制造的。但是与上述艺术造型铜镜不同的是,这些脚镯都是在其他作坊里制造的(因为它们的成分特征不同,其中含有锑)。

沃尔科夫齐7号冢是唯一一座金属器百分之百由西方原料制作的武士墓葬。这里出土了两件"鹰首"杆头(图4-11-1:8)和两件内侧装钮的菱形泡(图4-8-1:1)。

菱形泡与"奥利维亚"镜和"希腊"镜一样,是在同一批作坊里制造的,很可能也是外来品。因为杆头的化学成分与"脚镯"一致,所以它们不是当地的东西,而是其他生产中心的产品,与上述的镜和菱形泡不同。

器物群中西方原料多于北高加索原料,或者两者数量相当的,保存最为完好的只见于沃尔科夫齐墓地[1]。4号冢4号墓葬是一座金属品最为丰富的墓葬,年代为公元前5世纪。这是一座合葬墓。女性死者的随葬品由西方原料制作(阿佛洛狄忒镜是外来品,与巴索夫卡6号冢出土的铜镜来自同样的作坊,图4-16:13)。一件锥形器

---

〔1〕属于例外的只有被严重破坏的"上斯台金"区的阿克休京齐19号冢.

（图 4 - 11 - 2 : 8）是斯基泰人器物中所没有的，大概也是外来的。与这些女性用品不同的是，锥形器旁边发现的马辔部件（马额饰，图 4 - 10 - 1 : 14；马镳，图 4 - 7 - 1 : 7）、绳索形边缘泡、3 件造型颇为奇异的羊首泡（图 4 - 9 - 1 : 15），可能与北高加索金属有关。

沃尔科夫齐 2 号冢是 C. A. 马扎拉基在 1897—1898 年发掘的一座贵族武士的墓葬，其中的青铜马辔由来自两个矿产地的金属混合制造而成。沃尔科夫齐 1 号冢是一座随葬品丰富的墓葬，年代为公元前 4 世纪（于 1897—1898 年发掘）。其中马辔部件和杆头所用的原料构成相同（西方原料和北高加索原料均占 48%，东方原料占 4%）。

由于沃尔科夫齐冢和阿克休京齐 19 号冢（"上斯台金"区）的墓葬遭到了严重的破坏，发掘者没有提供随葬品的单独描述。我们只想指出一点，沃尔科夫齐 8 号冢的泡（图 4 - 9 - 1 : 1）所属的生产作坊位于森林草原地带，并且生产带有艺术雕塑的"奥利维亚"镜和"希腊"镜和菱形泡。

苏拉河流域的墓葬中有一部分随葬品，所用的原料或者全为北高加索，或者是以它为主。沃尔科夫齐 4 号冢的 3 号附葬墓同时随葬有北高加索原料制造的马额饰和"库尔—奥巴"铜镜（图 4 - 10 - 1 : 15；图 4 - 16 : 14）和希腊容器（一件大双耳罐，两件陶器和一件纳尸罐）。

B. A. 伊林斯卡娅将阿克休京齐村 2 号冢（C. A. 马扎拉基 1883—1885 年发掘）的附葬墓年代定为公元前 5 世纪中叶，但是根据墓中出土的青铜镞、马镳、标枪、铁剑的柄、菱形带扣、颈饰等，这座墓完全有可能属于公元前 4 世纪。随葬的希腊陶器都是公元前 4 至前 3 世纪的富有墓葬中常见的器物。青铜器的化学成分（北高加索原料）表明它们是一个生产中心的产品（图 4 - 7 - 1 : 9；图 4 - 8 - 2 : 25；图 4 - 9 - 2 : 27、28；图 4 - 9 - 1 : 5）。化学成分百分之百为北高加索的器物也见于阿克休京齐 15 号冢（"上斯台金"区）、舒梅伊科农庄（图 4 - 6 - 1 : 9、10；图 4 - 11 - 2 : 7）和波波夫卡 8 号冢（图 4 - 6 -

·欧·亚·历·史·文·化·文·库·

1:20)的早期墓葬(公元前6世纪和公元前6世纪与公元前5世纪之交)。有意思的是,随葬由北高加索原料生产的金属器的墓葬中,还发现有丰富的希腊和西方生产的容器和器物(黑花平底浅酒杯和圈足、维利亚诺瓦类型的磨光黑陶容器、双耳罐)。舒梅伊科出土的金质剑鞘有可能是斯基泰人定制,在黑海北岸的一个希腊作坊生产的[1]。与这些墓葬不同的是,以东方原料为主的墓葬(例如,"老墓"、巴索夫卡499号冢、沃尔科夫齐476号冢、博尔兹纳1号冢、格拉西莫夫卡2号冢、波波夫卡、波斯塔夫穆基6号冢)中往往不见(希腊)城市中心的产品。"上斯台金"区(阿克休京齐)2号冢属于例外,在它的抢眼的随葬品中发现了一件希腊双耳罐和黑漆平底浅酒杯[2]。上述随葬品上的差异以及它们的化学冶金特征证明,埋葬在苏拉河流域墓地的人们曾经与东方文化世界以及希腊城邦中心有着密切的交流。

由于墓葬("上斯台金"区14号冢,格拉西莫夫卡1号冢,阿克休京齐2号冢,波波夫卡14号冢)和随葬品保存不好,对于北高加索原料多于东方原料和西方原料的器物群我们没有进行详细的描述。

对于沃尔科夫齐1号墓(1886年发掘),应该指出,中心墓葬保存下来的全部器物都是由东方原料制造的(箭头、球形串珠,图4-8-1:4)。该墓还出土了一件大型的铁刀,柄首带挂环,这是东方世界非常典型的器物[3]。封土中出土的两件青铜指环,带有球结和环形耳(图4-18-1:52),与其他此类器物一样,由北高加索原料制造而成。

对于沃尔科夫齐5号冢的合葬(?)墓,从化学冶金研究角度看,其中的手镯(图4-18-1:9)是北高加索原料制造的,而箭头、圆锥体镂空铃(图4-2:10;图4-8-1:17)的原料来自东方。因为没有随葬品的完整描述,我们无法作更多的评论。

---

〔1〕Мелюкова А И,1964,47页;Онайко Н А,1966,32-33页.

〔2〕Ильинская В А,1968,图版Ⅵ:1.

〔3〕Ильинская В А,1968,图版ⅩⅩⅩ:15.

位于沃尔科夫齐 5 号冢北部的随葬品丰富的墓葬（C. A. 马扎拉基 1905 年发掘,位于阿克休京齐）埋的是一位斯基泰贵族武士以及陪葬的女性。随葬的"希腊"（?）风格的护腿[1]、容器（双耳罐、长耳细颈罐、刻文黑漆容器）和金泡,完全是希腊城邦工匠的风格[2]。我们所分析的青铜器主要使用北高加索原料（镀,图 4 - 19:1;图 4 - 18 - 1:56）和西方原料（铃,类似于图 4 - 18 - 1:56）。

波波夫卡墓葬的器物由北高加索原料（占 33%）和西方原料（占 67%）制造而成。部分器物既不见于苏拉河流域其他冢墓,也不见于斯基泰时期（例如,山羊首形泡,图 4 - 9 - 1:2）。

总之,我们对苏拉河流域的一些器物群进行了化学冶金分析之后,可以得出如下结论:

在上述遗址中,可以分出化学成分纯粹为东方型（占总数的 22%）、北高加索型（占总数的 11%）和西方型（占总数的 8%）三类墓葬。

东方原料居多的器物占器物群总数的 19%,以西方原料为主的器物占 13.5%。北高加索原料器物在一些器物群中或者高于东方原料（占 11%,东方成分和北高加索成分相当的只有一例）,或者高于西方原料（占 8%,不过 1897—1898 年发掘的沃尔科夫齐 1 号冢出土的器物中二者的比例相同）。

只有西方原料和东方原料共存于一座墓葬的情况实际上还从来没有发现过。最为常见的组合是北高加索原料—东方原料或者北高加索原料—西方原料,或者东方原料—西方原料—北高加索原料,其中一种成分占优（沃尔科夫齐 2 号墓,沃尔科夫齐 4 号冢 4 号墓,巴索夫卡 499 号墓等等）。

这样的化学成分组合并不具有分期意义,因为我们所划分的每一种组合都见于公元前 6 世纪、公元前 6 世纪与前 5 世纪之交以及公元前 5 世纪乃至前 4 世纪的器物群（例如,出自巴索夫卡的"老墓"、沃尔

---

[1]没有进行分析.
[2]Онайко Н А,1970,61 页;Ильинская В А,1968,142、143 页.

科夫齐 499 号冢、沃尔科夫齐 4 号冢 4 号墓、1897—1898 年发掘的阿克休京齐 1 号冢、1886 年发掘的格拉西莫夫卡 1 号冢、阿克休京齐 1 号冢、1905 年发掘的阿克休京齐"上斯台金"区 14 号冢、阿克休京齐 2 号冢的北墓的器物,基辅历史博物馆中来自沃尔科夫齐、波波夫卡 5 号冢、8 号冢、14 号冢的藏品等)。

我们没有发现某个化学成分组与某种葬具之间存在什么联系。但是当我们比较各个器物群的时候,情况有了本质上的变化。这种差别体现在苏拉河流域的两个研究最为充分的墓地:阿克休京齐墓地和沃尔科夫齐墓地。

阿克休京齐墓地和沃尔科夫齐墓地的器物群年代相同,均为公元前 6 世纪与公元前 5 世纪之交。在化学冶金特征方面,东方原料在阿克休京齐墓地的 6 个器物群中占有显要部分(占已分析 37 件器物的 16%)[1]。在沃尔科夫齐墓地,只有在 1886 年发掘的 1 号冢中,东方原料和北高加索原料所占比例相同,与 476 号冢一致。北高加索原料在阿克休京齐墓地和沃尔科夫齐墓地的比例格局有所变化,在阿克休京齐墓地占 8% ,在沃尔科夫齐墓地占 16% ,后者为前者的 2 倍。而使用西方原料的比例,沃尔科夫齐墓地的铜器则是阿克休京齐墓地的 4 倍(8% 比 2%)。

在沃尔科夫齐墓地的墓葬中经常能遇到合葬墓(男女)。从化学冶金的角度看,如上所述,妻子的随葬品主要由西方原料和北高加索原料制造(1897—1898 年发掘的 4 号冢 4 号墓,2 号冢,1 号冢,5 号冢)。武士的墓葬中通常随葬武器、马具和祭祀用品,原料有的来自西方(7 号冢、8 号冢),有的来自北高加索(舒梅伊科村 3 号冢 4 号墓),只有两处的原料是来自东方(1886 年发掘的 1 号冢,476 号冢)。

在阿克休京齐墓地,通常武士的随葬品或者由东方原料制造(1886 年发掘的 1 号冢、"上斯台金"区 2 号冢),或者以它为主要原料("老墓"、12 号冢、"上斯台金"区),或者以北高加索原料为主("上斯台金"区 15

---

〔1〕对阿克休京齐墓地的 12 件器物和沃尔科夫齐墓地的 11 件器物做过分析.

号冢、2 号冢、基辅历史博物馆藏品;1883—1885 年发掘的 2 号冢)。

在阿克休京齐墓地,若干合葬墓(1905 年发掘的墓葬,1886 年发掘的北部的 1 号墓)中的女人的铜装饰品为北高加索和西方原料的组合。在沃尔科夫齐墓地,合葬墓中的女人的铜装饰品也是如此。

阿克休京齐的武士墓(例如"上斯台金"2 号冢、1896 年发掘的 1 号冢)的一个独特之处就是随葬一些马镳部件、箭头的一部分(如图 4 – 1 – 1:1、2)、祭祀用刀(图 4 – 15:1、2)和杆头(图 4 – 11:1)。这些器类都很少见于黑海北岸斯基泰人中。

以上获得的苏拉河流域遗址出土金属器的光谱分析数据,如果不考虑大型武士墓的墓主所经历的文化之间的多方面联系和交流,是无法理解的。

6　冶金史概述

在斯基泰时期的遗址出现之前,苏联欧洲部分的有色金属加工业经历了复杂的发展道路。铁器冶炼技术的开始传播,居民的迁徙活动增加,导致了苏联欧洲部分青铜时代冶金中心的冶金生产的急速衰退乃至消亡[1]。

青铜时代晚期与它以后(即基麦里时期和之后的斯基泰时期)的金属加工工艺之间不存在传承关系,这是早期铁器时代的一个主要的,也是一个很难解释的特征。根据前斯基泰时期有色金属器物的光谱分析数据,我们分辨出六种铜基人工合金(图2-4)。添加砷的合金类型占据了主导地位(占58%)。曾经是青铜时代晚期主要合金的锡青铜,在本期的比例并不高(占21%)。含有铅和锡的其他合金比例同样不高(占10%)。将前斯基泰时期的金属器与同时期其他地区(北高加索的原苗特文化、米奴辛斯克盆地的卡拉苏克文化)的金属器,以及更早的(扎瓦多沃洛博伊科沃文化、卡尔达申文化、因古罗—克拉斯诺马亚茨文化)金属器作一比较,可以看到它们无论在合金还是在原料上都与众不同(图2-3:6)。在斯基泰时期之前金属加工的原料来源似乎处于东方(西伯利亚)和西方(巴尔干—喀尔巴阡山)两个庞大的采矿、冶炼中心的"中间"位置。合金类型也迥异于任何一方的器物,当然我们不能不指出,锡砷青铜在乌克兰和北高加索扮演着主要角色。可以看出,乌克兰过渡时期的有色金属加工业的根基是复杂而多样的。它的源头现在还不清楚,在同时期的已知的文化中都没有发现它的根源。

随着斯基泰时期遗址的出现,森林草原地带的金属加工生产业发

---

〔1〕Черных Е Н,1976.

生了很大的改变,进入了一个新的发展阶段。已经发现的基麦里时期遗址出土的独特的武器、马具、装饰品,与后期(斯基泰时期)的器物之间没有传承关系。二者的金属生产同样也没有见到这样的传承关系(图2-1-1;图2-1-2;图2-4;图4-1—图4-11;图4-15;图4-18;图6-1)。在新阶段,人们只见到两种主要合金——锡青铜和锡铅青铜(各占46%,表3-1)。一小部分器物由其他合金(添加了3%的砷)制造而成,表明它们是其他地方的产品。它们的原料来源也完全不同(图2-3;图3-6)。一些主要的杂质元素诸如银、铅、锡、锑、砷和镍的比例的不同最清楚地反映了它们使用了不同的原料来源。上述的化学冶金分析可以让我们得出一个结论,就是基麦里时期和斯基泰时期的有色金属加工传统之间不存在延续关系。

斯基泰时期金属生产的发展动力是复杂的、多样的。不过当时文化交流的对象、技术创新上都发生了改变,这多半是因为出现了大面积的民族文化迁移,席卷了铁器时代初期整个东欧的草原和森林草原地带。

斯基泰各个时期(包括公元前6世纪、公元前5世纪、公元前4至前3世纪)的金属器各有自己的特点,各有自己独特的化学冶金组的组合关系。举例来说,早期以锡青铜为主(占63%),锡铅青铜为次(占21%)。在公元前5世纪,这两种合金所占比例基本相等(分别为50%和47%),锡青铜的比例略高一些。但是到了公元前4世纪,复杂的锡铅合金成为铜基金属的主流(占77%),锡青铜只占21%(图6-1)。各个时期的原料来源也发生了同样显著的变化。公元前6世纪主要的原料为北高加索类型(占54%),大大多于西方原料和东方原料(东方原料占24%,西方原料占22%)。到了公元前5世纪,情况发生了变化。北高加索原料仍然占据第一位,但是优势不再明显(占39%),东方原料快速增长(达到36%),只有西方原料部分与之前基本持平(25%)。公元前4世纪,东方原料的比例下降,与西方原料相当(28%)。合金原料的来源与传统一样,决定了使用这种或那种合金的稳定性。古代居民之间的贸易交流也同样重要。

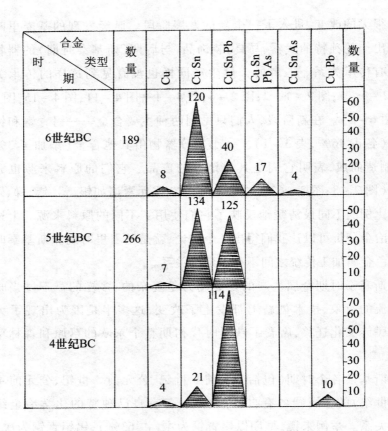

图 6 - 1　第聂伯河森林草原地带遗址出土金属器的

各期铜合金分布特征比较图

　　我们一方面研究了金属器"器物类型—化学冶金组"的共存关系，另一方面研究了存在于第聂伯河左岸森林草原地带的金属生产中心。二者的结合让我们可以把一批器物与其他器物区分开来，二者不仅艺术风格不同，而且化学冶金特征也不同。其中我们应该提到希腊的盘形镜（中央具桥形钮或者柱形钮，上面覆盖泡；№16.749；№19.943、19.947；№20.683）、早期类型的杆头（№17.274、17.275，№19.916、19.917、19.662、19.664、19.665）、一些带镫形环的马衔（№19.858），还有斯基泰箭筒中罕见的大型双翼箭头（№17.031—17.035）、模仿安德罗诺沃时代的骨制箭头。所有这些器物都是由含砷的复杂合金制造的,从过渡时期就广泛分布于东方文化分布区。这种外来的合金没有得到第聂伯河左岸的工匠们的认可(所占份额微小,仅为3%)。地方传统决定了两种类型合金的稳定性,以及它们之间在整个斯基泰时期的比例关系。第聂伯河左岸的有色金属加工业受到了来自黑海北岸和索罗马特—塞克世界的一定影响。这种影响体现在外来器物上,如"奥利维亚"镜和"希腊"镜、器形为艺术雕塑的容器、早期的透雕泡、"山羊"泡、菱形泡、杆头—权杖的残块(№19.674a、19.753—19.755、19.827、19.828、19.886、19.888、19.890、19.891、19.894、19.949、19.950,№20.613,№17.084、17.085、17.105—17.107)。它也体现在当地仿制的精美器物(例如一些野兽形和艺术雕塑泡,以及公元前5至前4世纪的马衔配件)上。本地的公元前5至前4世纪的动物雕塑杆头可能模仿自早期的杆头(№19.660、19.661、19.663、19.734、19.735、19.932)。与东方世界最为密切的交流发生于公元前5世纪。可以肯定属于这个时间段的随葬品充斥着东方生产的东西,由锡青铜制造,所用的矿石中微量元素贫乏。其中位列第一的就是带有动物形象("熊首"、"卧伏的野兽")的马衔泡,还有末端截面为菱形的S形马镳、球形串珠、某些类型的马额饰、部分扣子和箭头(№17.016—17.018、17.062、17.064、17.065、17.070、17.100、17.101、17.013、17.014、17.020—17.022、17.211—17.213、17.215、17.039—17.041,№18.068,№12.540、12.537—12.546,№16.725、16.522、16.523、16.740;)。属于这一类的还有两件大型的祭祀用刀(№16.773、16.774),出自早期的随葬品丰富的苏拉河流域"老墓"。很有可能的是,公元前5世纪东方世界器物的积极传播与希罗多德描述的著名的商贸之路不无关系。这条商路穿过斯基泰和它们的邻居的统治范围,从奥利维亚到达索罗马特人的游牧居住区。当地部族交换的产品之一就是采自南乌拉尔和北哈萨克斯坦矿场的铜矿。因此公元前5世纪欧洲一些地区(森林草原地带、库班)的有色金属加工领域出现大量的东方原料就不是偶然的了(在森林草原地带在公元前6世纪占24%,在公元前5世纪占36%,在公元前4世纪占31%)。在库班地区东方

127

原料的增长情况与苏拉河流域相同,银、锑、砷的含量频率直方图出现不均衡的情况,尤其是在低值或零值区域,在当地的前期器物中没有见到(图2-5和图3-6)。

这条商路或许可以解释森林草原地带为什么会出土大量的由西方原料(巴尔干—喀尔巴阡山类型)制造的器物,具体来说就是苏拉河流域出土的一批希腊城邦生产的器物,如"奥利维亚"镜、艺术雕塑柄镜。

与此同时,第聂伯河左岸墓葬出土的外来品并不都是通过和平贸易的方式得来的。阿克休京齐墓地的多数"东方"型马镳部件都是武士的个人所有物,显示他们曾与东部的邻居保持着密切的接触。东方地区(西伯利亚和中亚)的文化在早期斯基泰文化的形成过程中扮演过重要的角色,这在文献中已经有人提过[1]。很有可能,波波夫卡5号冢、格拉西莫夫卡2号冢、布坚基476号冢(沃尔科夫齐)以及部分"老墓"的随葬品中的金属器都是东方的产品。可以发现,这些随葬品所在的墓葬(波波夫卡5号冢)要么是木盖板的土坑,要么是木葬具。墓葬的底部往往洒有白石灰和红颜料。上述斯基泰文化中少见的外来金属器,是按照其他的合金,由其他的原料生产的。除此之外,在这些随葬品中还能见到祭祀时使用的石盘,这种石盘也普遍见于东方游牧人群的文化区。现有的研究只能让我们得出这些初步的假设。只有对其他地区的早期斯基泰遗址做进一步的研究,才能搞清楚这一问题。

我们着重考虑了斯基泰金属器与黑海北岸古希腊城邦的关系。关于早期器物和"奥利维亚"生产中心的关系上面已经说过了。此后(从公元前5世纪开始)首先要提的就是博斯普尔生产中心。已经发现的希腊陶器、贵金属器完全是城邦作坊的风格;这些器物与水晶串成的项链和肉红石髓就是当时存在活跃的贸易活动的见证。输送到森林草原地带的部族的是一些青铜制造的商品。公元前5至前4世纪黑海北岸的马镳部件的标准形态,使得一部分学者(B. A. 伊林斯卡娅、H. A. 奥奈科)认为那些带有艺术雕刻的器物是博斯普尔作坊的

[1]Ильинская В А,1968,155页;Тереножкин А И,1976.

产品。我们对分布于库班—塔曼遗址和第聂伯河左岸的马具进行了研究,发现它们是由上述区域的本地中心生产的。它们拥有一定的原料和合金组合,也就是本地工匠的主要技术传统。因此,城邦中心生产的产品特征是锡青铜和锡铅青铜两种配方的比例几乎相等(分别为45%和55%)。第聂伯河左岸则以锡铅青铜为主(占91%),锡青铜仅占9%。原料来源的分布也同样鲜明:在第聂伯河左岸占主要位置的是北高加索原料(59%),其次是西方原料(28%)和东方原料(13%)。在库班河北岸扮演主要角色的是北高加索原料(60%),东方原料和西方原料的比例有所变化,分别为34%和6%。

一些器物可以用"流行趋势"引领来解释,但是不能否认区域之间存在着经验交流的可能性。并非所有带有艺术造型的青铜器都是城邦手工作坊制造的;多半是森林草原地带的部族在获得外来的器物之后建立了自己的生产中心。其销售范围局限于第聂伯河左岸的森林草原地带。上述他们与其他地区(如第聂伯河右岸、草原地带、伏尔加河下游地区)的金属加工业存在的明显区别就是明证。

在早期金属时代,我们知道冶金技术交流存在于各种各样的人群之间,有些甚至相距遥远的人群之间;这种交流往往是由文化甚至是民族文化之间的远近来衡量的[1]。原料的获得在很大程度上取决于这种关系,而地理因素的作用则是第二位的。依据不同冶金组和它们的数量关系,我们能够归纳出一些文化或者区域的金属加工业的基本特征,能够找出它们之间最亲密的交流对象。为达此目的,我们对第聂伯河左岸的金属器作了"内部"和"外部"关系的比较研究。

考虑到苏拉河流域—沃尔斯科拉河流域资料的特点(沃尔斯科拉河流域的器物群以箭头为大宗),我们不能不说,整个斯基泰时期的各个区域的金属加工业各具特征,互不重复。特别明显且可观的区域差别体现在早期阶段(公元前6至前5世纪)。可以发现,复杂的锡铅合金配方在苏拉河流域扮演主要角色(31%和71%),超越了沃尔斯科拉

〔1〕Черных Е Н,1966.

河流域的 8% 和 35%（公元前 6 至前 5 世纪），或者沃尔斯科拉河流域的"纯铜"合金（公元前 6 世纪，12%）。在公元前 6 世纪，苏拉河流域的铜器更多使用东方原料（占 22%），地位仅次于北高加索原料，而在沃尔斯科拉河流域，东方原料的比例很低（占 6%）。上述两个区域更为明显的差别见于二者共有的一些器物，如箭头。但是这个时期与早期器物有所区别，合金类型的构成发生了一些变化。现在占据主导地位的是复杂的铜锡铅合金。金属加工领域出现的这种新景象，很有可能是第聂伯河左岸工匠之间交流的增加造成的，而这种增加不可能不反映在他们的产品上。同样，我们不能不提到它们的外部联系。在草原地带存在一些生产中心，可能是斯基泰的游牧部族向北迁徙的结果。上述区域的生产中心与它们的交往也在扩大。斯基泰部族涌入森林草原地带的事实现在得到了坚定的支持（鲍里斯波尔墓葬就是鲜明的例证）。

但是只有对斯基泰遗址中所有有色金属进行彻底的研究之后，我们才能深化和拓展这个结论。

为了研究"外部"联系，我们选择了与第聂伯河左岸的工匠们联系最为密切的文化的金属器。我们将第聂伯河左岸的有色金属与库班河北岸、北高加索（包括斯塔夫罗波尔）、南乌拉尔和哈萨克斯坦北部的同时期器物进行了比较（图 3 - 5）。比较研究的结果显示，上述每个区域都有它自己的金属器群。同时它们与第聂伯河左岸在金属生产上的区别是多方面的。在合金上，我们不能不注意到第聂伯河左岸的种类很少（总共只有两种主要的合金类型，加上少量的铅合金和"纯铜"合金），而其他地区的种类则较多。在库班、皮季戈利耶、奥塞梯和奥伦堡，我们发现了四到六种合金配方。但是更重要的差别是在质量上。第聂伯河左岸的两种主要合金类型数量几乎相等（分别占 46% 和49%），缺乏含有砷的复杂合金（只占 5%）。而在奥伦堡、哈萨克斯坦北部、库班河北岸、皮季戈利耶、奥塞梯和车臣，它们的含砷合金都很丰富，分别为 32%、36%、27%、20%、23% 和 41%。第聂伯河左岸的"纯铜"器物数量极少（占 3%），而在东方（索罗马特金属器），它是主要的类型(占 28%)。

上面我们说过,第聂伯河左岸的两种主要合金数量几乎相等。这种情况在其他地方还没有发现过。例如库班河北岸的锡青铜比例远远高于锡铅青铜(47%:27%),在奥塞梯则是锡铅青铜比锡青铜有优势(63%:14%),而在车臣,公元前 6 至前 4 世纪的遗物中完全没有锡青铜的存在。同时我们发现他们的原料来源也有同样明显的差别。我们现在还不能像处理合金数据那样,对所有器物群的数字资料进行比较。为达此目的,我们需要对每一个地区进行详细研究,但是这不是本书的工作任务。但是通过对各个地区金属器的主要杂质元素含量频率直方图(图 3 - 6)的比较,我们得到了同样的结论。这里我们需要指出,苏拉河流域的金属器与北高加索(库班河北岸)的金属器存在一定的相似性(不完全相同)。

总之,分析了三个地理区域(第聂伯河的森林草原地带、南乌拉尔—哈萨克斯坦西北部、北高加索)的有色金属器,我们可以划分出几个有色金属的生产中心,它们在斯基泰时期活跃于上述地区。各个地区之所以存在某几个主要合金类型占据主导地位的情况,可能是因为合金元素的来源问题,也可能是因为传统的工艺的作用(一个典型的例子就是伏尔加河流域—卡马河流域由青铜时代晚期直至阿南伊诺文化阶段的金属加工业的传统和延续)[1]。在第聂伯河左岸的现有资料中我们还没有发现类似的传统。

如果不考虑历史联系与交流的因素以及商贸关系和相互影响,就无法理解森林草原地带为什么会出现各种不同的原料与合金组合。

随着第聂伯河右岸森林草原地带、草原地带、城邦中心的有色金属生产的深入研究和资料积累,我们将会更好地理解苏拉河流域和沃尔斯科拉河流域金属加工业在东欧其他文化中的位置。

所有这些资料以及现有资料都可以作为基础,可以用来解决铁器时代有色金属的冶炼与加工问题。

---

[1]Кузьминых С В,1977.

欧·亚·历·史·文·化·文·库·

7 结论

上面我们展现了第聂伯河左岸森林草原地带的有色金属加工业的所有研究成果。除了对斯基泰时期的金属器所做的详细研究之外，我们还对基麦里时期的金属加工业的特征作了简短介绍。我们可以明确地说，它们不是在当地起源的，与后来的金属生产之间不存在直接的继承关系。在森林草原地带金属加工生产发展的新阶段，特征是只有这几种或那几种人工合金、配方和化学组共存并占据主导地位。根据化学冶金特征与器物类型之间明确的对应关系，我们可以划分几个器物群，并将它们与一定的生产中心联系起来。引人注目的是，第聂伯河左岸与黑海北岸城邦在金属加工业上并不存在密切关系，前者并不依赖于后者。

通过与乌克兰、北高加索、南乌拉尔和哈萨克斯坦的同时期器物的比较研究，我们可以更好地理解和发现第聂伯河左岸森林草原地带有色金属加工业发展的独特之处和规律。上面的一些结论只是初步的，或许只能算作假设。暂时补充证据没有出现，研究资料的分析量也没有增长。

参考文献

Барцева Т Б, Черных Е Н. Спектроналитические исследования цветного металла черняховской культуры. СА, 1968.

Барцева Т Б, Вознесенская Г А, Черных Е Н. Металл черняховской культуры. МИА, 1972.

Барцева Т Б. О цветной металлообработке на территории Северного Кавказа в раннем железном веке. СА, 1974.

Барцева Т Б. Цветная металлобработка на Северном Кавказе в раннем железном веке. Канд. дис. М.: Архив ИА АН СССР, 1974.

Барцева Т Б. О металлургических сплавах на территории Северного Причерноморья в конце I тысячелетия до н. э. и в первых веках н. э. – В кн. Археологія Київ, 1974:14.

Виноградов В Б, Шкурко А И. О некоторых предметах звериного стиля из Центрального Предкавказья в скифское время. – В кн. Сборник докладов на VI и VII ВАСК. М., 1963.

Вишневская О А. Культура сакских племен низовий Сырдарьи в VII – V вв. до н. э. По материалам Уйгарака. – В кн. Труды ХАЭЭ, 1973, т. VIII.

Ганіна О Д. Античні бронзи с Піщаного. Київ, 1970.

Граков Б Н. Техника изготовления скифских наконечников стрел. – В кн.: Труды секции археологии РАНИОН. М., 1930, т. V.

Граков Б Н. Скіфи. Київ, 1947.

Граков Б Н. Литейное и кузнечное ремесло у скифов. – КСИ-ИМК, 1948, X XII.

Граков Б Н. Скифский Геракл. – КСИИМК,1950, X X X IV.

Граков Б Н. Каменское городище на Днепре. – МИА, 1954, №36.

Граков Б Н, Мелюкова А И. Об этнических и культурных различиях в степных и лесостепных областях Европейской части СССР в скифское время. – ВССА,1954.

Граков Б Н. Скифы. М.,1971.

Граков Б Н. Ранний железный век. М.,1977.

Грязнов М П. Маннай – оол М. Х. Курган Аржан – могила царя раннескифского времени. УЗ Тув. НИИЯЛИ Кызыл вып.

Грязнов М П. К вопросу о сложении культур скифо – сибирского типа в связи с открытием кургана Аржан. КСИА вып.

Іллінська В А. Курган Старшая могила – пам´ятка архаічноі Скіфіі. – В кн.: Археологія. Київ,1951, V.

Іллінська В А. Скіфські сокирк. – В кн.: Археологія. Київ, 1960, XII.

Іллінська В А. Скіфська вузда VI ст. До н. э. – В кн.: Археологія. Київ,1961, X III.

Іллінська В А. Про скіфські навершники. – В кн.: Археологія. Київ,1963, X V.

Ильинская В А. Культовые жезлы скифского и предскифского времени. – В кн.: Новое в советской археологии. М.,1965.

Ильинская В А. Некоторые мотивы раннескифского звериного стиля. – СА,1965а,№1.

Іллінська В А. Про похождения і етнічні звя´зки племен скіфськоі культури Посульско – Донецького Лісостепу. – В кн.: Археологія. Київ,1966, X X.

Ильинская В А. Скифы Днепровского лесостепного левобережья. Киев,1968.

Ильинская В А. Образ кошачьего хищника в раннескифском искусстве. – СА, 1971, №2.

Іллінська В А. Про бронзові наконечники стріл так званого жаботинського і новочеркаського типів. – В кн. : Археологія. Київ, 1973, XII.

Ильинская В А. Раннескифские курганы бассейна р. Тясмин. Киев, 1975.

Капошина С И. О скифских элементах в культуре Ольвии. – МИА, 1956, №50.

Кадырбаев М К. , Курманкулов Ж. К. Захоронения воинов савроматского времени на Левобережье р. Илек. – В кн. : Прошлое Казахстана по археологическим источникам. Алма – Ата, 1976.

Киселев С В. Древняя история Южной Сибири. М. , 1951.

Ковпаненко Г Т. Памя́тки скіфського часу в бассейні р. Ворскли. – В кн. : Археологія, Київ, 1961, X III .

Ковпаненко Г Т. Погребение VIII — VII вв. До н. э. В бассейни р. Ворсклы. – КСИА УССР, 1962, 12.

Ковпаненко Г Т. Племена скіфського часу на Ворсклі. Київ. 1967.

Ковпаненко Г Т. Кургани поблизу с. Мачухи на Полтавщині. (За матеріалами М Я. Рудинського). – В кн. : Археологія. Київ, 1970, X X IV .

Козенкова В И. К вопросу о ранней дате некоторых кинжалов так называемого кабардино – пятигорского типа. В кн. : Фрако – скифские культурные связи. София, 1975.

Кореневский С Н. Металлические орудия труда и оружие эпохи бронзы Восточной Европы (втульчатые топоры): Автореф. Канд. Дис. М. , 1975.

Кореневский С Н. Результаты спектрального анализа предметов

из курганных могильников Кривой Луки. – В кн. : Древности Астраханского края. М. ,1977.

Косяненко В М. ,Флеров К С. Бронзовые литые котлы Нижнего Подонья. – СА ,1978 ,№ 1.

Крупнов Е И. Жемталинский клад. М. ,1952.

Кузнечова Э Ф. Бронзовые предметы из могильника Сынтас по данным спектрального анализа. – В кн. : Прошлое Казахстана по археологическим источникам. Алма – Ата ,1976.

Кузьминых С В. Бронзовые орудия и оружие в Среднем Поволжье и Приуралье (I тысячелетие до н. э.) : Автореф. канд. Дис. М. ,1977.

Мелюкова А И. Войско и военное искусство скифов. – КСИ-ИМК. 1950, X X X IV.

Мелюкова А И. Вооружение скифов. – САИ ,1964 ,Д1 – 4.

Мелюкова А И. Итоги и задачи изучения взаимосвязи киммерийских и скифских племен сфракийчами в советской науке. В кн. : Фрако – скифские культурные связи. София ,1975.

Мелюкова А И. Поселение и могильник скифского времени у села Николаевка. М. ,1975а.

Мелюкова А И. К вопросу о взаимосвязях скифского и фракийского искусства. – В кн. : Скифо – сибирский звериный стиль в искусстве народов Евразии. М. ,1976.

Мошкова М Г. ,Рындина Н. В. Сарматские зеркала Поволжья и Приуралья (химико – технологическое исследование). – В кн. : Очерки технологии древнейших производств. М. ,1975.

Онайко Н А. О центрах производство золотых обкладок ножен и рукояток ранних скифских мечей, найденных в Приднепровье. В кн. : Культура античного мира. М. ,1966.

Онайко Н А. Античный импорт в Приднепровье и Побужье в

VII – V вв. до н. э. – САИ, 1966а, Д 1 – 27.

Онайко Н А. Античный импорт в Приднепровье и Побужье в IV – II вв. до н. э. – САИ, 1970, Д 1 – 27.

Петренко В К. Могильник скифского времени у с. Гришенцы. – МИА, 1962, №113.

Петренко В К. Правобережье Среднего Поднепровья в V – III вв. до н. э. – САИ, 1967, Д1 – 4.

Петренко В К. К вопросу об употреблении булавок скифами в VI – IV вв. до н. э. – КСИА, 1975. вып. 142.

Петренко В К. Украшения Скифии VII – III вв. до н. э. – САИ, 1978, Д4 – 5.

Петриченко О М, Шрамко Б А, Солнцев Л О, Фомiн Л Д. Походження i технiка лиття бронзових казанiв раннього залiзного вiку. – В кн.: Нариси в Icторi i природонавства i технiки. Київ, 1970, вып. XII.

Руденко С И. Культура населения Центрального Алтая в скифское время. М., Л., 1960.

Скуднова В М. Скифские зеркала из архаеческого некрополя Ольвии. – В кн.: ТГЭ, 1962, т. 7.

Смирнов К Ф. Вооружение савроматов. – МИА, 1961, №101.

Смирнов К Ф. Савроматы. М., 1964.

Тереножкин А И. Предскифский период на Днепровском Правобережье. Киев, 1961.

Тереножкин А И. Скифская культура. – МИА, 1971, №177.

Тереножкин А И. Киммерийцы. Киев, 1976.

Черненко Е В. Скифский доспех. Киев, 1968.

Черных Е Н, Барцева Т Б. Исследования металлического инвентаря из материалов Воронежской экспедиции. – МИА, 1969, №151.

Черных Е Н. Древнейшая металлургия Урала и Поволжья. М.,

1970.

Черных Е Н. Обследование медных рудников Донбасса. – АО 1969 г. М. ,1970а.

Черных Е Н. Древняя металлообработка на юго – западе СССР. М. ,1976.

Членова Н Л. О связях Северо – Западного Причерноморья и Нижнего Дуная с Востоком в киммерийскую эпоху. – В кн. : Фрако – скифские культурные связи. София,1975.

Шкурко А И. Об изображении свернувшегося в кольцо хищника в искусстве лесостепной Скифии. – СА,1969,№1.

Шкурко А И. Звериный стиль в искусстве и культуре лесостепной Скифии:Автореф. Канд. Дис. . . М. ,1975.

Шкурко А И. О локальных различиях в искусстве лесостепной Скифии. – В кн. : Скифо – сибирский звериный стиль в искусстве народов Евразии. М. 1976.

Шрамко Б А. Хозяйство лесостепных племен Восточной Европы в скифскую эпоху:Автореф. Док. Дис. Киев,1965.

Шрамко Б А. К вопросу о значении культурно – хозяйственных особенностей степной и лесостепной Скифии. – МИА,1971,№177.

Шрамко Б А. Восточное укрепление Бельского городища. – В кн. : Скифские древности. Киев,1973.

Шрамко Б А. Крепость скифской эпохи у с. Бельск – город Гелон. – В кн. : Скифский мир. Киев,1975.

Шлеев В В. К вопросу о скифских навершиях. – КСИИМК, 1950, X X X IV.

缩略语表

俄	汉
AO	考古发现
BACK	全苏大学生考古会议
BCCA	斯基泰—萨尔马特考古学问题
ИА АН СССР	苏联科学院考古研究所
ИА АН УССР	乌克兰科学院考古研究所
КСИА	苏联科学院考古研究所简报
КСИИМК	物质文化史研究所简报
ЛГУ	列宁格勒国立大学
МИА	苏联考古资料和研究
НИИЯЛИ	语言、文献和历史科学研究所
РАНИОН	俄罗斯社会科学研究所联合会
CA	苏联考古
САИ	考古资料汇编
ТГЭ	国立爱米塔什博物馆论文集
ТХАЭЭ	花喇子模考古学与民族学考察队论文集
Уч. зап.	学报

·欧·亚·历·史·文·化·文·库·

中俄人名、地名、考古词汇对照表

（本表条目按汉语拼音音序排列）

汉	俄
A	
М. П. 阿布拉莫娃	Абрамова М. П.
阿佛洛狄忒	Афродит
阿克休京齐	Аксютинцы
阿楞卡什	Алынкаш
阿纳普冢	Анап – курган
阿南伊诺	Ананьино
阿斯特拉罕省	Астраханская губерния
安德罗诺沃文化	андроновская культура
奥利维亚	Ольвия
奥伦堡	Оренбург
Н. А. 奥奈科	Онайко Н. А.
奥皮什梁卡冢	курган Опишлянка
奥塞梯	Осетии
奥斯尼基	Осняги
奥索科洛夫卡	Осокоровка
奥西尼日基	Оситняжки
B	
Т. Б. 巴尔采娃	Барцева Т. Б.
巴尔干	Балкан
巴索夫卡	Басовка

140

汉	俄
鲍里斯波利冢	Бориспольский курган
O. M. 彼得里琴科	Петриченко О. М.
B. Г. 彼得连科	Петренко В. Г.
鼻饰	наносник
标枪	дротик
别利斯克城址	Бельское городище
别利斯科	Бельск
别列斯尼基	Берестняги
别针	булавка
钵	чаша
波波夫卡	Поповка
博布里察	Бобрица
波德戈尔齐	Подгорцы
波尔塔夫希纳	Полтавщина
波尔塔瓦市历史博物馆	Историко - краведческий музей г. Полтавы
博尔兹纳	Борзна
H. A. 波格丹诺娃	Богданова Н. А.
博斯普尔	Боспор
波斯塔夫穆基	Поставмуки
布季谢	Будище
布杰什特	Будешты
布坚基	Бутенки
布克林	Букрин
布柳缅费利德	Блюменфельд
布任卡	Бужинка
C	
采姆多林	Цемдолин

汉	俄
采矿——冶炼区	горнометеаллургическая область
采矿——采矿中心	горнорудный центр
长耳细颈罐	лекиф
车臣	Чечнь
串珠	пронизь

D

大布特基	Великие Будки
希腊双耳罐	греческая амфора
第聂伯罗彼得罗夫斯克	Днепропетровск
第聂伯河中游地区	Среднее Поднепровье
第聂伯河左岸森林草原地带	Днепровский лесостепный Левобережье
东欧	Восточная Европа
短剑	кинжал
顿河军区	обл. Войска Донского
顿河中游	Средний Дон
顿涅茨	Донец
多瑙河	Подунавье

E

耳环	серьга
耳环—垂饰	подвеска – серьга

F

斧	кельт
斧钺—权杖	топорик – скипетр
镂	котёл
伏尔加河中游	Среднее Поволжье
B. C. 弗廖罗夫	Флеров В. С.

汉	俄
G	
盖马诺娃墓	Гайманова Могила
杆头	шумящяя навершия
高加索	Кавказ
高墓	Высокая Могила
Б. Н. 格拉科夫	Граков Б. Н.
格拉西莫夫卡	Герасимовка
格里芬	грифон
格利尼谢	Глинище
格里申齐	Грищенцы
戈洛瓦茨基农庄	хут. Головатских
戈洛瓦特墓地	Головатовский могильник
戈洛维基诺	Головятино
古里斯卡娅镇	станица Гурийская
古利亚伊城	Гуляй Город
古希腊中心	античный центр
И. И. 古辛娜	Гущина И. И.
光谱分析	спектроаналитический исследование
国家历史博物馆	Государственный Исторический музей
国立爱米塔什博物馆	Государственный Эрмитаж
H	
哈尔希塔特	Гальштат
哈萨克斯坦	Казахстан
黑海北岸	Северное Причерноморье
黑漆平底浅酒杯	чернолаковый килик
黑森林文化	чернолесская культура
黑山阶段	Черногоровская ступень
"红旗"农庄	хут. 《Красное Знамя》

汉	俄
灰坑	зольник
J	
基辅	Киев
基辅历史博物馆	Исторический музей г. Киева
基麦里时期	киммерийское время
祭祀用刀	ритуальный нож
祭祀用权杖	культовый жезл – скипетр
祭祀用权杖头	культовые навершия – жезлы
С. В. 吉谢列夫	Киселев С. В.
加夫里洛夫卡	Гавриловка
Л. К. 加拉宁娜	Галанина Л. К.
尖墓	Острая Могила
剑	меч
箭筒	колчан
箭头	наконечник стрел
窖藏	клад
А. И. 捷列诺日金	Тереножкин А. И.
节约	пряжки – пронизи
戒指	перстень
镜	зеркало
К	
С. И. 卡波什娜娅	Капошина С. И.
М. К. 卡德尔巴耶夫	Кадырбаев М. К.
喀尔巴阡	Карпат
卡尔达申	кардашинский
卡拉斯	Каррас
卡拉苏克	Карасук
卡拉苏克文化	карасукская культура

汉	俄
卡马河流域	Прикамья
卡梅舍瓦哈	Камышеваха
卡缅类型	Каменский тип
卡涅夫县	Каневский уезд
铠甲	панцирный доспех
康斯坦丁诺夫卡	Константиновка
Г. Т. 科夫帕年科	Ковпаненко Г. Т.
В. И. 科津科娃	Козенкова В. И.
克里瓦亚卢卡	Кривая Лука
克里奇科夫卡	Крячковка
克列尔梅斯	Келермес
С. Н. 科列涅夫斯基	Кореневский С. Н.
Е. И. 克鲁普诺夫	Крупнов Е. И.
科斯特罗姆斯卡娅镇	станица Костромская
В. М. 科夏年科	Косяненко В. М.
扣饰	бляшка
扣子	ворворки
库班河流域	Прикубанье
库尔 - 奥巴镜	Зеркала Куль - Обского типа
库马克	Кумак
С. В. 库兹明内赫	Кузьминых С. В.
Э. Ф. 库兹涅佐娃	Кузнецова Э. Ф.
L	
"老墓"	Старшая Могила
雷扎诺夫卡	Рыжановка
利哈切夫卡	Лихачевка
联珠环	Кольца с шариками
列别霍夫卡	Лебеховка

145

汉	俄
铃	колокольчик
卢卜内	Лубны
С. И. 鲁登科	Руденко С. И.
Л. Н. 罗曼纽克	Романюк Л. Н.
罗缅县	Роменский уезд
罗姆内	Ромны

M

汉	俄
马镳	псалия
马额饰	налобник
马具	конский снаряжение
马具	конская упряжь
马笼头	конская узда
马面饰	нащечник
马丘希	Мачухи
马斯秋金诺	Мастюгино
马衔	удило
С. А. 马扎拉基	Мазараки С. А.
迈科普	Майкоп
帽	шляпка
А. И. 梅柳科娃	Мелюкова А. И.
梅切特赛	Мечет – Сай
蒙古人民共和国	Монгольская Народная Республика
米奴辛斯克盆地	Минусинская котловина
磨光黑陶容器	чернолощеный сосуд
М. Г. 莫什科娃	Мошкова М. Г.
莫什内	Мошны
木椁墓文化	срубная культура

汉	俄
墓葬	погребение

N

纳尸罐	кувшинчик
尼古拉耶夫卡	Николаевка
尼科波利	Никополь
尼姆菲	Нимфей

O

欧亚大陆	Евразия
欧洲	Европа

P

帕米尔高原—阿尔泰山	Памиро – Алтай
帕斯特尔斯基	Пастырский
潘季卡佩	Пантикапей
泡	бляха
佩夏诺耶	Песчаное
皮季戈利耶	Пятигорье
皮季马雷	Пятимары
普鲁瑟	Пруссы

Q

Е. В. 契尔年科	Е. В. Черненко
Е. Н. 契尔内赫	Черных Е. Н.
奇吉里县	Чигиринский уезд
Н. Л. 奇列诺娃	Членова Н. Л.
恰斯特冢群	Частые курганы
切尔卡斯州	Черкасская область
切尔托姆雷克	Чертомлык
权杖	скипетр
权杖	секирк

汉	俄
R	
茹罗夫卡	Журовка
S	
索罗马特	савроматское кочевие
萨尔马特	Сармат
萨尔托沃	Салтово
萨拉托夫州	Саратовская обл.
Д. Я. 萨莫克瓦索夫	Самоквасов Д. Я.
塞克	сака
色雷斯世界	фракийский мир
森林草原	Лесостепь
森林草原地带	лесостепная полоса
山区阿尔泰	Горный Алтай
"上斯台金"区	урочище 《Стайкин Верх》
申吉	Шенджий
А. И. 什库尔科	Шкурко А. И.
Б. А. 什拉姆科	Шрамко Б. А.
В. В. 什列耶夫	Шлеев В. В.
十字形泡	крестобразная бляха
手镯	браслет
舒梅科夫农庄	хут. Шумейков
顺图克冢	курган Шунтук
斯芬克司	сфинкс
斯基泰时期	скифский период
斯基泰时期	скифская пора
斯科罗波尔	Скоробор
В. М. 斯库德诺瓦娅	Скуднова В. М.

汉	俄
斯拉德科沃冢	Сладковский курган
斯梅拉	Смела
К. Ф. 斯米尔诺夫	Смирнов К. Ф.
斯塔夫罗波尔	Ставрополье
苏波伊河	р. Супой
苏尔马切夫卡	Сурмачевка
苏季伊夫卡	Судиивка
苏拉河	Сула река
索菲耶夫卡	Софиевка
T	
塔拉—布塔克	Тара – Бутак
塔曼	Тамань
特拉赫杰米罗夫	Трахтемиров
铁器时代	железный век
桶形容器	сосуд – ситул
图利斯卡娅镇	станица Тульская
图利亚	Турья
图瓦	Тува
托尔斯塔娅墓	Толстая Могила
W	
维加拉克	Уйгарак
维利亚诺瓦类型	виллановский тип
В. Б. 维诺格拉多夫	Виноградов В. Б.
О. А. 维什涅夫斯卡娅	Вишневская О. А.
维托瓦墓	Витова Могила
沃尔科夫齐	Волковцы
沃尔斯科拉河	Ворскла река
沃尔斯科拉流域遗址	древность Поворсклье

汉	俄
沃罗涅日镇	станица Воронежская
Г. А. 沃兹涅日先斯卡娅	Вознесенская Г. А.
乌克兰	Украина
乌拉尔	Урал
乌兰埃尔格	Улан – Эрге
乌兰固木	Улангом
X	
西伯利亚	Сибирь
希腊	Греция
希罗多德	Геродот
西西伯利亚	Западная Сибирь
先科夫卡	Сеньковка
小锤	молоток
小斧子	топорик
谢尔任帐	Сержень – Юрт
谢米布拉特冢	Семибратний курган
谢米格拉季	Семиградьи
新季托洛夫卡	Новотиторовка
新切尔卡斯克阶段	новочеркасская ступень
Y	
亚布卢诺夫卡	Яблуновка
亚布洛诺夫卡	Яблоновка
亚尔莫林齐村	с. Ярмолинцы
亚历山大波利	Александрополь
伊丽莎白京斯卡娅	Елизаветинская
В. А. 伊林斯卡娅	Ильинская В. А.
伊奥尼亚型柱头	ионийская капитель
因古罗 – 克拉斯诺马亚茨	ингуло – красномаяцкий

汉	俄
原苗特时期	протомеотское время
Z	
扎波京	Жаботин
扎库京齐	Закутинцы
扎列夫基	Залевки
扎鲁宾齐	Зарубинцев
扎瓦多沃—洛博伊斯科沃	завадово – лобойсковский
中亚	Средняя Азия
冢	курган
主显圣容修道院	Спасо – Преображенский монастырь
装饰品	украшение
镯子	Браслет

·欧·亚·历·史·文·化·文·库·

附　　录

附录为第聂伯河左岸森林草原地带金属器的光谱分析结果。

表中列出了器物的发现位置和图表的编号。

符号：Cu——铜，Sn——锡，Pb——铅，Zn——锌，Bi——铋，Ag——银，Sb——锑，As——砷，Fe——铁，Ni——镍，Co——钴，Au——金；? ——可能存在的元素；"—"——光谱分析法未发现的元素。

金含量给出的是近似值。

光 谱 分 析 表

实验室编号	器物	发现地点	Cu	Sn	Pb	Zn	Bi	Ag	Sb	As	Fe	Ni	Co	Au	图号
12.535	箭头	"老墓"	主要	8.0	0.1	—	0.002	0.02	0.06	0.1	0.01	0.04	0.001	0.001~0.003	图4-1-1:9
12.536	箭头	"老墓"	主要	7.0	0.1	—	0.001	0.01	0.03	0.1	0.003	0.01	0.001	0.001~0.003	图4-1-1:15
12.537	箭头	"老墓"	主要	6.0	0.01	—	—	0.008	0.01	0.02	0.004	0.008	0.004	0.001~0.003	图4-1-1:8
12.539	箭头	"老墓"	主要	7.0	0.25	—	0.001	0.008	0.15	0.2	0.03	0.04	0.005	0.001~0.003	图4-2-2:4
12.540	箭头	"老墓"	主要	5.0	0.1	—	0.6	0.015	0.06	0.35	0.004	0.03	0.005	0.001~0.003	图4-2-2:7
16.512	扣	"老墓"	主要	8.0	0.6	—	0.008	0.03	0.04	0.2	0.06	0.02	0.009	0.003~0.01	图4-6-1:16
16.513	扣	"老墓"	主要	8.0	0.6	—	0.008	0.04	0.04	0.1	0.06	0.02	0.008	0.003~0.01	图4-6-1:16
16.514	扣	"老墓"	主要	4.0	0.2	—	0.007	0.04	0.01	0.02	0.06	0.007	<0.003	0.001	图4-6-1:14
16.515	扣	"老墓"	主要	8.0	0.7	—	0.004	0.09	0.08	0.08	0.02	0.02	<0.003	0.03~0.1	图4-6-1:14
16.516	扣	"老墓"	主要	4.0	0.2	—	0.001	0.04	0.06	0.06	0.02	0.03	0.007	0.003~0.01	图4-6-1:14
16.517	额饰	"老墓"	主要	3.0	2.0	—	0.001	0.004	0.007	0.06	0.06	0.007	0.004	0.001	图4-10-1:10
16.518	铆钉	"老墓"	主要	8.0	1.0	—	0.004	0.006	0.02	0.06	0.007	0.02	0.003	0.003~0.01	图4-4:6
16.519	铆钉	"老墓"	主要	3.0	0.06	—	0.002	0.005	0.01	0.02	0.06	0.007	0.003	0.003~0.01	图4-4:6

续表

实验室编号	器物	发现地点	Cu	Sn	Pb	Zn	Bi	Ag	Sb	As	Fe	Ni	Co	Au	图号
16.520	铆钉	"老墓"	主要	5.0	0.06	—	—	0.007	0.007	0.02	0.5	0.02	0.002	0.003~0.01	图4-4:6
16.522	小套环	"老墓"	主要	8.0	0.07	0.04	0.008	0.002	—	0.01	0.2	0.009	0.001	0.01~0.03	图4-8-1:15
16.523	小套环	"老墓"	主要	3.0	0.01	—	—	0.004	—	0.01	0.2	0.009	0.007	0.003~0.01	图4-8-1:15
16.722	铠甲片	"老墓"	主要	2.0	0.02	—	0.001	0.004	0.008	0.04	1.0	0.001	—	—	图4-4:2
16.723	铠甲片	"老墓"	主要	3.0	0.02	—	0.002	0.02	0.04	0.2	0.2	0.003	—	0.001	图4-4:3
16.724	铠甲片	"老墓"	主要	3.0	0.03	—	0.002	0.02	0.04	0.09	0.2	0.003	—	—	图4-4:3
16.725	铠甲片	"老墓"	主要	3.0	0.06	—	0.001	0.008	0.004	0.09	0.8	0.003	—	<0.001	图4-4:1
16.771	马衔	"老墓"	主要	5.0	0.2	—	0.004	0.03	0.04	0.06	0.06	0.02	0.007	0.001~0.003	图4-6-1:27
16.772	马衔	"老墓"	主要	8.0	0.01	—	—	0.004	—	—	0.2	0.02	0.007	0.001	图4-6-1:26
16.773	刀	"老墓"	主要	8.0	0.02	—	0.004	0.002	0.007	0.02	0.2	0.003	—	0.001	图4-15:2
16.774	刀	"老墓"	主要	8.0	0.02	—	0.002	0.006	0.003	0.02	0.2	—	—	0.001	图4-15:1
17.031	箭头	"老墓"	主要	3.0	0.06	—	0.07	0.03	0.1	1.0	0.2	0.02	0.009	0.001	图4-1-1:1,2
17.032	箭头	"老墓"	主要	8.0	0.2	—	0.35	0.03	0.1	0.3	0.5	0.02	<0.003	0.001	图4-1-1:1,2
17.033	箭头	"老墓"	主要	8.0	0.06	—	0.08	0.04	0.1	3.0	0.5	0.009	0.003	0.001	图4-1-1:1,2
17.034	箭头	"老墓"	主要	3.0	0.07	—	0.2	0.02	0.08	0.9	1.0	0.02	0.003	—	图4-1-1:1,2
17.035	箭头	"老墓"	主要	9.0	0.07	—	0.3	0.03	0.1	0.2	0.01	0.03	0.003	0.001	图4-1-1:1,2

续表

实验室编号	器物	发现地点	Cu	Sn	Pb	Zn	Bi	Ag	Sb	As	Fe	Ni	Co	Au	图号
17.036	箭头	"老墓"	主要	9.0	0.002	—	—	—	0.001	0.003	0.07	0.002	0.008	0.003	—	图4-1-1:7
17.037	箭头	"老墓"	主要	10.0	0.003	—	0.001	0.0004	—	0.03	0.005	0.007	0.003	—	图4-1-1:7
17.038	箭头	"老墓"	主要	8.0	—	—	—	0.0005	—	0.06	1.0	0.007	0.003	—	图4-1-1:7
17.039	箭头	"老墓"	主要	8.0	0.06	—	0.9	0.04	0.08	1.5	0.002	0.03	0.002	0.001	图4-2-1:9
17.040	箭头	"老墓"	主要	4.0	0.01	—	0.009	0.09	0.04	0.08	0.06	0.05	0.007	0.003~0.01	图4-2-1:9
17.041	箭头	"老墓"	主要	3.0	0.03	—	0.35	0.04	0.08	1.5	0.007	0.05	0.007	0.001	图4-2-1:9
17.270	马衔	"老墓"	主要	8.0	0.2	—	0.004	0.09	0.08	0.2	0.5	0.02	0.007	0.001	图4-6-1:25
17.271	马衔	"老墓"	主要	3.0	1.7	—	0.02	0.1	0.008	0.07	0.5	0.07	0.06	0.001~0.003	图4-6-1:25
17.272	马镳	"老墓"	主要	3.0	0.2	—	0.004	0.05	0.04	0.07	0.3	0.05	0.007	0.001~0.003	图4-6-1:2
17.273	马镳	"老墓"	主要	8.0	0.2	—	0.004	0.04	0.04	0.2	0.2	0.05	0.007	0.001~0.003	图4-6-1:3
17.274	杆头	"老墓"	主要	3.0	2.0	—	0.1	0.03	0.08	0.5	0.2	0.03	0.003	0.001~0.003	图4-11-1:1
17.274a	杆头（角）	"老墓"	主要	3.0	2.0	—	0.1	0.03	0.08	0.5	0.06	0.02	0.005	0.001~0.003	图4-11-1:1
17.275	杆头	"老墓"	主要	3.0	2.0	—	0.2	0.03	0.08	0.5	0.5	0.02	<0.003	0.001~0.003	图4-11-1:1
17.275a	杆头（角）	"老墓"	主要	3.0	2.0	—	0.2	0.04	0.08	0.5	0.02	0.01	<0.003	0.001~0.003	图4-11-1:1

斯基泰时期的有色金属加工业——第聂伯河左岸森林草原地带

实验室编号	器物	发现地点	Cu	Sn	Pb	Zn	Bi	Ag	Sb	As	Fe	Ni	Co	Au	图号
17.281	刀鞘头	"老蛊"	主要	8.0	0.4	0.1	0.004	0.03	0.04	0.2	0.2	0.007	—	0.001	图4-5:1
16.748	镜	阿克休京齐1号发掘冢,1886年发掘	主要	8.0	2.0	—	—	0.007	—	0.03	0.09	0.009	<0.003	0.001	图4-16:19
17.062	扣	阿克休京齐1号发掘冢,1886年发掘	主要	4.0	0.02	—	—	0.006	0.005	0.01	0.06	0.004	—	0.001	图4-9-1:20—22
17.064	扣	阿克休京齐1号发掘冢,1886年发掘	主要	5.0	0.2	—	0.009	0.009	0.003	0.06	0.1	0.007	0.005	0.003~0.01	图4-9-1:20—22
17.065	扣	阿克休京齐1号发掘冢,1886年发掘	主要	3.0	0.2	—	—	0.001	0.007	0.01	0.6	0.002	—	—	图4-9-1:20—22
17.066	扣	阿克休京齐1号发掘冢,1886年发掘	主要	3.0	0.2	—	0.001	0.004	0.01	0.02	0.4	0.003	—	—	图4-8-2:2
17.067	扣	阿克休京齐1号发掘冢,1886年发掘	主要	2.0	0.4	—	—	0.004	0.04	0.02	0.2	0.009	—	0.003~0.01	图4-10-1:24—23
17.068	扣	阿克休京齐1号发掘冢,1886年发掘	主要	2.0	0.1	—	0.001	0.004	0.01	0.04	0.1	0.003	—	0.001~0.003	图4-10-1:24—23
17.069	扣	阿克休京齐1号发掘冢,1886年发掘	主要	8.0	0.2	—	0.003	0.008	—	0.03	0.02	0.002	0.009	0.001	图4-8-1:14
17.070	马镳	阿克休京齐1号发掘冢,1886年发掘	主要	4.0	0.2	—	0.004	0.007	0.02	0.04	0.06	0.002	0.003	0.001~0.003	图4-7-1:1

续表

实验室编号	器物	发现地点	Cu	Sn	Pb	Zn	Bi	Ag	Sb	As	Fe	Ni	Co	Au	图号
17.073	串珠	阿克休京齐1号冢,1886年发掘	主要	4.0	0.01	—	0.001	0.004	0.008	0.09	0.06	0.003	—	<0.001	图4-8-1:16
17.074	串珠	阿克休京齐1号冢,1886年发掘	主要	3.0	0.02	—	0.001	0.001	0.009	0.02	0.02	0.003	<0.003	0.001	图4-8-1:16
17.077	别针	阿克休京齐1号冢,1886年发掘	主要	4.0	0.6	—	—	0.02	0.04	0.07	1.0	0.02	0.005	0.001~0.003	图4-18-1:36
17.078	别针	阿克休京齐1号冢,1886年发掘	主要	4.0	0.6	—	0.001	0.02	0.04	0.2	0.2	0.02	0.007	0.001~0.003	图4-18-1:37
17.080	镜	阿克休京齐1号冢,1886年发掘	主要	4.0	0.06	—	—	0.04	0.01	0.03	0.6	0.003	<0.003	0.001	图4-16:15
17.081	手镯	阿克休京齐1号冢,1886年发掘	主要	8.0	0.3	—	0.004	0.02	0.04	0.2	0.02	0.02	0.02	0.001~0.003	图4-18-1:1
16.529	箭头	阿克休京齐2号"上斯合金"区	主要	4.0	0.01	—	0.001	0.001	—	—	0.007	0.009	0.002	0.003~0.01	图4-2-1:2
17.013	额饰	阿克休京齐2号"上斯合金"区	主要	8.0	0.07	—	0.002	0.004	0.02	0.2	0.02	0.004	0.003	0.003~0.01	图4-10-1:2
17.014	额饰	阿克休京齐2号"上斯合金"区	主要	3,0	0.02	—	—	0.004	0.003	0.2	0.2	0.003	—	0.003~0.01	图4-10-1:4

续表

实验室编号	器物	发现地点	Cu	Sn	Pb	Zn	Bi	Ag	Sb	As	Fe	Ni	Co	Au	图号
17.015	泡	阿克休京齐2号冢,"上斯合金"区	主要	4.0	0.6	—	—	0.001	0.007	0.06	0.01	0.003	<0.003	0.003~0.01	图4-9-1:29
17.016	泡	阿克休京齐2号冢,"上斯合金"区	主要	5.0	0.02	—	0.001	0.004	0.004	0.03	0.02	0.008	0.003	0.003~0.01	图4-9-1:18
17.017	马镳	阿克休京齐2号冢,"上斯合金"区	主要	3.0	0.02	—	0.001	0.001	0.007	0.2	0.06	0.007	0.002	0.001	图4-7-1:2
17.018	马镳	阿克休京齐2号冢,"上斯合金"区	主要	3.0	0.02	—	—	0.001	0.003	0.06	1.0	0.003	0.009	0.001	图4-7-1:2
17.019	铆钉	阿克休京齐2号冢,"上斯合金"区	主要	8.0	1.0	—	0.004	0.006	0.08	0.2	0.01	0.01	0.001	0.003~0.01	图4-4:7
17.020	指环	阿克休京齐2号冢,"上斯合金"区	主要	2.0	0.01	—	—	0.0003	—	0.03	0.002	0.001	—	—	图4-8-1:11
17.021	串珠	阿克休京齐2号冢,"上斯合金"区	主要	4.0	0.06	—	—	0.001	0.008	0.08	0.06	0.003	—	0.001	图4-8-1:5

实验室编号	器物	发现地点	Cu	Sn	Pb	Zn	Bi	Ag	Sb	As	Fe	Ni	Co	Au	图号
17.022	串珠	阿克休京齐2号冢,"上斯合金"区	主要	1.0	0.06	—	—	0.001	—	—	0.2	—	—	—	图4-8-1:6
17.023	泡	阿克休京齐2号冢,"上斯合金"区	主要	5.0	0.01	—	0.001	0.001	0.007	0.06	0.006	0.008	0.002	0.001	图4-8-2:23
17.024	泡	阿克休京齐2号冢,"上斯合金"区	主要	4.0	0.01	—	0.002	0.007	0.008	0.2	0.09	0.007	—	0.003~0.01	图4-8-2:23
17.025	泡	阿克休京齐2号冢,"上斯合金"区	主要	4.0	0.01	—	—	0.001	0.007	0.06	0.06	0.007	0.008	0.001	图4-8-2:23
19.675	泡	阿克休京齐2号冢(基辅历史博物馆藏品)	主要	33.0	8.0	—	0.005	0.1	0.03	0.2	0.1	0.05	—	0.003~0.01	图4-6-1:22
19.676	泡	阿克休京齐2号冢(基辅历史博物馆藏品)	主要	33.0	12.0	—	0.005	0.2	0.02	0.07	0.03	0.05	—	0.003~0.01	图4-6-1:22
19.677	泡	阿克休京齐2号冢(基辅历史博物馆藏品)	主要	33.0	12.0	—	0.01	0.2	0.07	0.2	0.2	0.05	0.004	0.01~0.03	图4-6-1:22

斯基泰时期的有色金属加工业——第聂伯河左岸森林草原地带

实验室编号	器物	发现地点	Cu	Sn	Pb	Zn	Bi	Ag	Sb	As	Fe	Ni	Co	Au	图号
19.678	泡	阿克休京齐2号家（基辅历史博物馆藏品）	主要	33.0	12.0	0.04	—	0.06	0.015	0.03	0.1	0.05	—	0.001	图4-6-1:22
19.679	泡	阿克休京齐2号家（基辅历史博物馆藏品）	主要	33.0	12.0	—	0.005	0.05	0.02	0.2	0.1	0.02	0.001	0.001	图4-6-1:22
19.680	泡	阿克休京齐2号家（基辅历史博物馆藏品）	主要	33.0	0.3	—	0.02	0.08	0.06	0.3	0.1	0.05	0.002	0.003~0.01	图4-6-1:22
19.858	马衔	阿克休京齐2号家（基辅历史博物馆藏品）	主要	14.0	12.0	—	0.03	0.2	0.08	1.0	0.07	0.02	—	0.003~0.01	图4-6-1:28
19.681	额饰	阿克休京齐2号家,1885年发掘	主要	33.0	6.0	0.5	0.007	0.05	0.03	0.2	0.1	0.02	0.007	0.01~0.03	图4-9-1:5
19.682	扣	阿克休京齐2号家,1885年发掘	主要	12.0	6.0	—	0.002	0.05	0.06	0.2	0.03	0.02	0.001	0.01~0.03	图4-8-1:27
19.831	扣	阿克休京齐2号家,1885年发掘	主要	5.0	11.0	—	0.005	0.05	0.05	0.2	0.005	0.02	—	0.003~0.01	图4-8-1:28

实验室编号	器物	发现地点	Cu	Sn	Pb	Zn	Bi	Ag	Sb	As	Fe	Ni	Co	Au	图号
19.859	马镳	阿克休京齐2号家,1885年发掘	主要	5.0	1.0	—	0.002	0.05	0.02	0.2	0.1	0.05	—	0.01~0.03	图4-7-1:9
19.860	马镳	阿克休京齐2号家,1885年发掘	主要	5.0	0.8	—	—	0.03	0.02	0.2	0.7	0.008	—	0.01~0.03	图4-7-1:9
19.817	扣	阿克休京齐2号家,1885年发掘	主要	14.0	1.0	—	0.002	0.06	0.15	0.2	0.6	0.05	—	0.01~0.03	图4-8-2:6
12.533	铃	阿克休京齐5号家(北部墓葬)	主要	3.0	0.8	0.01	0.001	0.006	0.02	0.06	1.0	0.007	0.003	0.001~0.003	图4-18-1:56
12.534	铃	阿克休京齐5号家(北部墓葬)	主要	3.0	0.4	0.005	0.003	0.01	0.01	0.15	1.0	0.01	0.03	0.001~0.003	图4-18-1:56
17.473	镦	阿克休京齐5号家(北部墓葬)	主要	0.02	0.02	0.04	—	0.03	0.01	0.2	0.2	0.01	—	0.003~0.01	图4-19:1
17.473a	镦(把手)	阿克休京齐5号家(北部墓葬)	主要	0.007	0.04	—	—	0.05	0.01	0.2	0.2	0.05	0.007	0.003~0.01	图4-19:1
17.473б	镦(把手铆钉)	阿克休京齐5号家(北部墓葬)	主要	0.002	0.02	—	—	0.03	0.02	0.2	0.2	0.02	0.007	0.003~0.01	图4-19:1
16.730	箭头	阿克休京齐12号家,"上斯台金"区	主要	2.0	0.07	—	—	0.006	0.003	0.03	0.06	0.05	0.002	<0.001	图4-1-1:13

续表

实验室编号	器物	发现地点	Cu	Sn	Pb	Zn	Bi	Ag	Sb	As	Fe	Ni	Co	Au	图号
16.731	箭头	阿克休京齐12号冢,"上斯台合金"区	主要	5.0	0.1	0.01	0.03	0.03	0.04	0.2	0.2	0.06	0.002	0.001	图4-1-1:13
16.732	箭头	阿克休京齐12号冢,"上斯台合金"区	主要	4.0	0.2	—	0.08	0.03	—	—	0.09	0.01	0.007	0.001	图4-1-1:5
16.734	扣	阿克休京齐12号冢,"上斯台合金"区	主要	8.0	0.07	0.01	—	0.02	0.01	0.2	0.06	0.01	0.02	0.003~0.01	图4-9-1:4
16.735	扣	阿克休京齐12号冢,"上斯台合金"区	主要	9.0	1.7	—	0.005	0.008	0.08	0.06	0.02	0.009	0.007	0.001	图4-9-1:6
16.736	扣	阿克休京齐12号冢,"上斯台合金"区	主要	8.0	0.8	0.01	0.004	0.04	0.04	0.09	0.5	0.03	0.003	0.001	图4-6-1:19
16.758	箭头	阿克休京齐14号冢,"上斯台合金"区	主要	4.0	0.1	—	0.004	0.04	0.1	0.2	0.001	0.009	<0.003	0.001	图4-2-2:3
16.759	箭头	阿克休京齐14号冢,"上斯台合金"区	主要	4.0	0.5	—	0.004	0.04	0.1	0.001	0.009	0.009	0.02	0.001	图4-1-1:12

实验室编号	器物	发现地点	Cu	Sn	Pb	Zn	Bi	Ag	Sb	As	Fe	Ni	Co	Au	图号
16.760	箭头	阿克休京齐14号冢，"上斯台金"区	主要	8.0	0.2	—	0.04	0.04	0.2	0.002	0.006	0.06	0.008	0.003~0.01	图4-1-1:12
16.761	箭头	阿克休京齐14号冢，"上斯台金"区	主要	4.0	0.2	—	0.03	0.09	0.007	0.2	0.6	0.1	0.007	0.001	图4-2-2:29
16.762	箭头	阿克休京齐14号冢，"上斯台金"区	主要	8.0	1.0	0.04	0.004	0.05	0.006	0.06	1.0	0.1	0.1	0.003~0.01	图4-2-2:29
16.769	串珠	阿克休京齐14号冢，"上斯台金"区	主要	8.0	0.7	—	0.01	0.02	0.01	0.03	0.1	0.02	0.008	0.001~0.003	图4-6-1:4
16.733	箭头	阿克休京齐15号冢，"上斯台金"区	主要	8.0	0.2	—	0.002	0.03	0.45	0.06	0.03	0.005	—	0.001	图4-2-2:6
16.770	斧钺—权杖	阿克休京齐15号冢，"上斯台金"区	主要	8.0	0.09	—	0.008	0.01	0.02	0.2	0.02	0.007	0.005	0.001	图4-11-2:7
17.044	箭头	阿克休京齐15号冢，"上斯台金"区	主要	11.0	0.01	—	—	0.02	0.01	0.02	0.1	0.005	—	0.001~0.003	图4-2-2:6

163

实验室编号	器物	发现地点	Cu	Sn	Pb	Zn	Bi	Ag	Sb	As	Fe	Ni	Co	Au	图号
16.753	箭头	阿克休京齐16号冢，"上斯台"金"区	主要	8.0	15.0	—	0.01	0.02	0.08	0.6	0.001	0.007	0.009	0.01~0.03	图4-3:17
16.754	箭头	阿克休京齐16号冢，"上斯台"金"区	主要	4.0	2.0	—	0.008	0.02	0.04	0.2	0.01	0.007	0.007	0.01~0.03	图4-3:17
16.751	箭头	阿克休京齐17号冢，"上斯台"金"区	主要	3.0	4.0	—	0.008	0.04	0.02	0.06	0.2	0.01	<0.003	0.003~0.01	图4-2-2:2
16.752	箭头	阿克休京齐17号冢，"上斯台"金"区	主要	8.0	0.07	—	0.004	0.03	—	0.2	0.2	0.003	—	—	图4-2-2:2
16.755	箭头	阿克休京齐17号冢，"上斯台"金"区	主要	3.0	0.02	—	—	0.004	—	—	0.02	0.02	0.007	—	图4-2-2:18
16.756	箭头	阿克休京齐17号冢，"上斯台"金"区	主要	3.0	0.02	—	0.008	0.004	—	0.01	0.2	0.007	0.005	0.001	图4-2-2:18
16.757	箭头	阿克休京齐17号冢，"上斯台"金"区	主要	4.0	0.01	—	0.002	0.004	—	—	0.002	0.007	<0.003	0.001~0.003	图4-2-2:18

实验室编号	器物	发现地点	Cu	Sn	Pb	Zn	Bi	Ag	Sb	As	Fe	Ni	Co	Au	图号
16.763	青铜器	阿克休京齐19号冢，"上斯台斯合金"区	主要	4.0	0.08	—	—	0.004	—	0.01	0.2	0.05	0.1	0.003~0.01	图4-18-1:48
16.764	青铜器	阿克休京齐19号冢，"上斯台斯合金"区	主要	3.0	0.03	—	0.004	0.02	0.01	0.02	0.003	0.05	0.02	0.001	图4-18-1:49
16.765	别针	阿克休京齐19号冢，"上斯台斯合金"区	主要	4.0	0.02	—	0.001	0.02	0.01	0.04	0.02	0.007	0.008	<0.001	图4-18-1:49
16.766	铆钉	阿克休京齐20号冢，"上斯台斯合金"区	主要	8.0	0.02	—	0.001	0.005	0.01	0.07	0.02	0.003	0.008	—	图4-4:2
16.767	铆钉	阿克休京齐20号冢，"上斯台斯合金"区	主要	8.0	0.04	—	0.001	0.008	0.04	0.06	0.02	0.007	0.003	0.003~0.01	图4-4:1
16.768	扣	阿克休京齐20号冢，"上斯台斯合金"区	主要	8.0	0.02	0.04	—	0.02	0.01	0.2	0.2	0.003	—	0.001	图4-8-1:13
16.524	箭头	阿克休京齐（Ⅱ. Я. 萨莫克瓦苏夫藏品）	主要	10.0	1.0	—	0.002	0.003	0.04	0.06	0.003	0.009	—	0.003~0.01	图4-2-1:24

续表

实验室编号	器物	发现地点	Cu	Sn	Pb	Zn	Bi	Ag	Sb	As	Fe	Ni	Co	Au	图号
16.527	箭头	阿克休京齐(Л.Я.萨莫瓦索夫藏品)	主要	8.0	2.0	—	0.001	0.004	0.04	0.06	0.003	0.004	—	0.001	图4-2-1:24
16.528	箭头	阿克休京齐(Л.Я.萨莫瓦索夫藏品)	主要	8.0	2.0	—	0.001	0.004	0.01	0.06	0.002	0.004	—	0.001	图4-3:4
16.726	箭头	阿克休京齐(Л.Я.萨莫瓦索夫藏品)	主要	2.0	2.0	—	—	0.004	0.05	0.04	0.2	0.004	—	0.001	图4-3:1
16.727	箭头	阿克休京齐(Л.Я.萨莫瓦索夫藏品)	主要	3.0	2.0	—	—	0.007	0.01	0.1	0.06	0.008	—	0.01~0.03	图4-3:1
16.728	箭头	阿克休京齐(Л.Я.萨莫瓦索夫藏品)	主要	0.7	2.0	—	0.001	0.002	0.01	0.02	0.2	0.003	—	0.001	图4-3:1
16.729	箭头	阿克休京齐(Л.Я.萨莫瓦索夫藏品)	主要	2.0	0.2	—	—	0.001	0.003	—	0.007	0.001	—	—	图4-3:1
16.737	小套环	阿克休京齐(Л.Я.萨莫瓦索夫藏品)	主要	3.0	0.02	—	—	0.02	0.01	0.2	0.2	0.007	0.007	0.001	—

实验室编号	器物	发现地点	Cu	Sn	Pb	Zn	Bi	Ag	Sb	As	Fe	Ni	Co	Au	图号
16.738	小套环	阿克休京齐(Л.Я.萨莫克瓦索夫藏品)	主要	8.0	0.08	—	0.004	0.02	0.02	0.04	0.06	0.003	—	0.001	—
16.739	小套环	阿克休京齐(Л.Я.萨莫克瓦索夫藏品)	主要	4.0	0.03	0.04	0.004	0.001	0.007	0.2	0.5	0.002	0.02	0.001	—
16.740	串珠	阿克休京齐(Л.Я.萨莫克瓦索夫藏品)	主要	0.06	0.5	—	0.001	0.004	1.80	0.1	0.007	0.02	—	0.001	—
17.026	箭头	阿克休京齐(Л.Я.萨莫克瓦索夫藏品)	主要	8.0	2.0	—	—	0.004	0.01	0.06	0.09	0.007	—	0.001	图4-3:1
17.027	箭头	阿克休京齐(Л.Я.萨莫克瓦索夫藏品)	主要	8.0	4.0	—	0.002	0.004	0.04	0.1	0.06	0.007	—	0.001	图4-3:1
17.028	箭头	阿克休京齐(Л.Я.萨莫克瓦索夫藏品)	主要	8.0	5.0	—	0.001	0.004	0.04	0.2	0.002	0.008	<0.003	0.001	图4-3:1
17.029	箭头	阿克休京齐(Л.Я.萨莫克瓦索夫藏品)	主要	10.0	2.0	—	—	0.006	0.01	0.06	1.5	0.007	—	0.001~0.003	图4-3:1

续表

实验室编号	器物	发现地点	Cu	Sn	Pb	Zn	Bi	Ag	Sb	As	Fe	Ni	Co	Au	图号
17.030	箭头	阿克休京齐（Д.В.萨莫克瓦索夫藏品）	主要	12.0	3.0	—	—	0.006	0.01	0.06	0.2	0.008	—	0.001~0.003	图4-3:1
17.042	箭头	阿克休京齐（Д.В.萨莫克瓦索夫藏品）	主要	8.0	0.06	—	0.008	0.03	0.04	0.06	0.007	0.006	—	0.001	图4-1-1:20
17.043	箭头	阿克休京齐（Д.В.萨莫克瓦索夫藏品）	主要	5.0	1.0	—	0.04	0.01	—	0.01	0.1	0.006	0.009	0.001	图4-2-1:32
17.044	箭头	阿克休京齐（Д.В.萨莫克瓦索夫藏品）	主要	11.0	0.01	—	0.001	0.02	0.01	0.02	0.1	0.005	—	0.001~0.003	图4-2-1:32
17.045	箭头	阿克休京齐（Д.В.萨莫克瓦索夫藏品）	主要	4.0	0.03	—	0.002	0.02	0.01	0.06	0.01	0.002	—	0.001~0.003	图4-2-2:2
17.046	箭头	阿克休京齐（Д.В.萨莫克瓦索夫藏品）	主要	6.0	0.03	—	0.004	0.02	0.02	0.03	0.02	0.004	—	0.001~0.003	图4-2-2:2
17.047	箭头	阿克休京齐（Д.В.萨莫克瓦索夫藏品）	主要	8.0	0.6	—	0.008	0.04	0.008	0.04	0.6	0.01	0.007	0.001~0.003	图4-2-2:2

实验室编号	器物	发现地点	Cu	Sn	Pb	Zn	Bi	Ag	Sb	As	Fe	Ni	Co	Au	图号
17.071	串珠	阿克休京齐（Д.Я.萨莫夫瓦索夫藏品）	主要	6.0	0.1	—	—	0.04	0.02	0.01	0.06	0.003	—	<0.001	图4-6-1:5
17.072	串珠	阿克休京齐（Д.Я.萨莫夫瓦索夫藏品）	主要	8.0	0.2	—	—	0.03	0.01	0.02	1.0	0.003	—	0.001	图4-6-1:5
17.075	铃	阿克休京齐（Д.Я.萨莫夫瓦索夫藏品）	主要	3.0	2.0	—	—	0.07	0.2	0.06	1.0	0.02	0.003	0.001~0.003	图4-18-1:57
17.076	铃（链）	阿克休京齐（Д.Я.萨莫夫瓦索夫藏品）	主要	8.0	0.6	—	—	0.04	0.04	—	1.0	0.05	—	0.001	图4-18-1:57
17.079	镜	阿克休京齐（Д.Я.萨莫夫瓦索夫藏品）	主要	3.0	0.06	—	—	0.04	0.04	0.6	0.2	0.02	—	0.003~0.01	图4-16:17
19.818	扣	阿克休京齐（Д.Я.萨莫夫瓦索夫藏品）	主要	12.0	6.0	—	0.007	0.05	0.02	0.09	0.004	0.02	0.003	0.003~0.01	图4-6-1:23
19.819	泡	阿克休京齐（Д.Я.萨莫夫瓦索夫藏品）	主要	12.0	6.0	0.01	0.005	0.006	0.01	0.03	0.07	0.01	—	0.003~0.01	图4-9-1:30

续表

实验室编号	器物	发现地点	Cu	Sn	Pb	Zn	Bi	Ag	Sb	As	Fe	Ni	Co	Au	图号
19.938	铃	阿克休京齐（Ⅱ.Ⅰ.萨莫夫藏品）	主要	12.0	0.04	—	0.002	0.06	0.02	0.2	0.1	0.05	—	0.01~0.03	图4-18-1:60
19.939	铃	阿克休京齐（Ⅱ.Ⅰ.萨莫夫藏品）	主要	33.0	3.0	0.4	0.01	0.1	0.01	0.2	0.6	0.02	—	0.01~0.03	图4-18-1:60
19.820	小环	阿克休京齐（Ⅱ.Ⅰ.萨莫夫藏品）	主要	6.0	1.0	—	0.005	0.05	0.03	0.07	0.01	0.05	0.007	0.003~0.01	图4-18-1:57
19.821	小环	阿克休京齐（Ⅱ.Ⅰ.萨莫夫藏品）	主要	8.0	1.0	—	0.005	0.03	0.02	0.2	0.01	0.05	0.007	0.003~0.01	图4-18-1:57
19.822	别针	阿克休京齐（Ⅱ.Ⅰ.萨莫夫藏品）	主要	12.0	0.8	—	—	0.0005	0.002	—	0.005	0.001	0.001	—	图4-18-1:18
19.823	镜	阿克休京齐（Ⅱ.Ⅰ.萨莫夫藏品）	主要	12.0	2.0	—	—	0.007	0.002	0.01	0.01	0.06	0.15	0.01~0.03	图4-16:7
19.824	镜	阿克休京齐（Ⅱ.Ⅰ.萨莫夫藏品）	主要	12.0	6.0	—	0.01	0.2	0.02	0.07	0.01	0.007	0.002	0.01~0.03	—

实验室编号	器物	发现地点	Cu	Sn	Pb	Zn	Bi	Ag	Sb	As	Fe	Ni	Co	Au	图号
18.068	泡	巴索夫卡499号冢	主要	3.0	0.8	—	0.005	0.005	0.003	0.007	0.004	0.007	0.001	0.001	图 4-9-1:16
18.069	泡	巴索夫卡499号冢	主要	12.0	0.8	—	0.002	0.03	2.5	0.07	0.01	0.02	0.001	0.001~0.003	图 4-9-1:5
18.070	泡	巴索夫卡499号冢	主要	7.0	13.0	—	0.03	0.04	3.0	0.10	0.03	0.02	0.003	0.001~0.003	图 4-9-1:12
18.071	泡	巴索夫卡499号冢	主要	3.5	0.1	—	0.002	0.008	0.02	0.2	0.004	0.02	0.06	0.001	图 4-9-1:7
18.072	泡	巴索夫卡499号冢	主要	12.0	0.8	—	0.005	0.005	0.01	0.1	0.001	0.03	0.004	0.001	图 4-9-1:12
19.753	镜（柄部）	巴索夫卡	主要	5.0	0.4	—	?	0.07	0.007	0.03	3.0	0.05	0.02	0.003~0.01	图 4-16:12
19.753a	镜（柄部）	巴索夫卡	主要	33.0	1.0	—	0.003	0.03	0.001	0.07	0.01	0.05	0.05	0.003~0.01	图 4-16:12
12.506	箭头	别利斯克冢群和城址	主要	5.0	0.08	0.005	0.001	0.03	0.08	0.15	0.03	0.01	0.004	0.003	图 4-1-1:12
12.507	箭头	别利斯克冢群和城址	主要	5.0	0.2	0.01	0.005	0.02	0.07	0.08	0.05	0.03	0.003	0.003	图 4-1-2:12
12.508	箭头	别利斯克冢群和城址	主要	4.0	0.2	0.04	0.003	0.02	0.05	0.12	0.08	0.008	0.005	>0.001	图 4-1-2:12

续表

实验室编号	器物	发现地点	Cu	Sn	Pb	Zn	Bi	Ag	Sb	As	Fe	Ni	Co	Au	图号
12.509	箭头	别利斯克寨群和城址	主要	2.0	0.2	—	0.003	0.02	0.035	0.06	0.03	0.02	0.002	0.001	图 4-1-2:12
12.510	箭头	别利斯克寨群和城址	主要	7.0	0.1	—	0.002	0.03	0.2	0.2	0.003	0.05	0.007	0.003~0.01	图 4-2-2:14
12.511	箭头	别利斯克寨群和城址	主要	7.0	0.7	—	0.003	0.01	0.06	0.05	0.002	0.008	0.002	0.003~0.01	图 4-10-1:11
12.512	扣	别利斯克寨群和城址	主要	8.0	0.5	—	0.002	0.002	0.05	0.07	0.01	0.006	0.001	0.003~0.01	图 4-18-1:50
12.513	扣	别利斯克寨群和城址	主要	7.0	0.9	—	0.004	0.001	0.1	0.07	0.2	0.009	0.005	0.003	图 4-18-1:50
12.514	箭头	别利斯克寨群和城址	主要	3.0	3.0	—	0.03	0.007	0.07	0.3	0.01	0.009	0.006	0.003	图 4-3:10
12.515	箭头	别利斯克寨群和城址	主要	1.0	15.0	—	0.02	0.003	0.035	0.06	0.1	0.001	—	—	图 4-3:10
12.516	指环	别利斯克寨群和城址	主要	3.0	0.2	—	—	0.04	0.03	0.2	0.03	0.01	0.006	0.003~0.01	图 4-18-1:55
12.521	箭头	别利斯克寨群和城址	主要	5.0	0.1	—	0.001	0.02	0.05	0.08	0.01	0.007	0.002	0.001~0.003	图 4-1-2:2
12.522	箭头	别利斯克寨群和城址	主要	0.8	0.03	—	0.001	0.02	0.03	0.06	0.01	0.006	—	0.001~0.003	图 4-1-2:3

实验室编号	器物	发现地点	Cu	Sn	Pb	Zn	Bi	Ag	Sb	As	Fe	Ni	Co	Au	图号
12.523	箭头	别利斯克家群和城址	主要	0.08	0.01	—	0.001	0.02	0.01	0.04	0.01	0.007	—	0.001	图 4 - 1 - 2 : 3
12.524	箭头	别利斯克家群和城址	主要	2.0	10.0	—	0.001	0.003	0.01	0.09	0.03	0.006	0.005	0.001 ~ 0.003	图 4 - 3 : 2
12.525	箭头	别利斯克家群和城址	主要	6.0	4.0	—	—	0.002	0.009	0.07	0.02	0.008	—	0.001 ~ 0.003	图 4 - 3 : 2
12.526	箭头	别利斯克家群和城址	主要	5.0	6.0	—	0.001	0.002	0.05	0.2	0.05	0.01	0.03	0.001 ~ 0.003	图 4 - 3 : 18
12.527	箭头	别利斯克家群和城址	主要	4.0	10.0	—	0.006	0.002	0.07	0.06	0.05	0.009	0.05	0.001 ~ 0.003	图 4 - 3 : 22
12.528	箭头	别利斯克家群和城址	主要	5.0	10.0	—	0.001	0.0007	0.008	0.06	0.02	0.007	—	0.001 ~ 0.003	图 4 - 3 : 10
12.529	箭头	别利斯克家群和城址	主要	6.0	8.0	0.008	0.001	0.002	0.008	0.06	0.05	0.007	—	0.001	图 4 - 3 : 10
12.530	箭头	别利斯克家群和城址	主要	6.0	6.0	?	0.001	0.002	0.008	0.07	0.01	0.008	—	0.001 ~ 0.003	图 4 - 3 : 10
12.531	箭头	别利斯克家群和城址	主要	5.0	9.0	0.005	0.008	0.002	0.08	0.3	0.01	0.01	0.008	0.003 ~ 0.01	图 4 - 3 : 10
12.532	箭头	别利斯克家群和城址	主要	7.0	6.0	—	—	0.001	0.01	0.06	0.02	0.009	0.001	0.001 ~ 0.003	图 4 - 3 : 10

实验室编号	器物	发现地点	Cu	Sn	Pb	Zn	Bi	Ag	Sb	As	Fe	Ni	Co	Au	图号
12.538	箭头	别利斯克家群和城址	主要	5.0	0.8	—	0.003	0.005	0.2	0.04	0.003	0.03	0.005	0.001~0.003	图4-1-2:3
13.642	铃	别利斯克家群和城址	主要	7.0	0.6	—	—	0.0003	0.005	0.06	0.3	0.007	0.004	0.001	图4-18-1:61
13.643	锻残片	别利斯克家群和城址	主要	0.01	2.0	0.03	0.1	0.1	0.1	1.0	0.02	0.007	0.006	0.003~0.01	—
13.644	锻残片	别利斯克家群和城址	主要	7.0	2.0		0.003	—	0.01	0.06	0.02	0.008	0.004	0.001~0.003	—
13.645	锻残片	别利斯克家群和城址	主要	0.1	2.0	?	0.001	?	0.08	0.1	0.02	0.01	0.01	0.001~0.003	—
13.646	锻残片	别利斯克家群和城址	主要	0.1	2.0	?	0.02	?	0.1	0.35	0.003	0.01	0.004	0.001~0.003	—
13.650	锻残片	别利斯克家群和城址	主要	0.1	5.0	—	0.05	0.02	0.06	0.35	0.1	0.007	0.004	0.001~0.003	—
13.656	锻残片	别利斯克家群和城址	主要	0.3	2.0	0.03	0.001	0.006	0.02	0.15	0.02	0.007	—	0.001~0.003	—
13.658	锻残片	别利斯克家群和城址	主要	0.04	0.3	—	0.1	0.02	0.04	0.15	0.02	0.008	—	0.001	—
13.666	手镯残片	别利斯克家群和城址	主要	3.0	2.0	—	0.001	0.04	0.2	0.04	0.002	0.008	0.004	0.001~0.003	—

实验室编号	器物	发现地点	Cu	Sn	Pb	Zn	Bi	Ag	Sb	As	Fe	Ni	Co	Au	图号
13.667	别针	别利斯克冢群和城址	主要	7.0	0.03	—	0.003	0.02	—	0.06	0.005	0.1	0.4	0.001~0.003	—
16.917	箭头	别利斯克冢群和城址	主要	8.0	10.0	—	0.02	0.004	0.04	0.06	0.002	0.007	0.03	0.001	图4-3:18
16.918	箭头	别利斯克冢群和城址	主要	4.0	5.0	—	0.004	0.005	0.04	0.2	0.01	0.007	0.02	0.001	图4-3:18
16.919	箭头	别利斯克冢群和城址	主要	3.0	6.0	—	—	0.004	0.007	0.06	1.0	0.007	—	0.001	图4-3:9
16.920	箭头	别利斯克冢群和城址	主要	3.0	5.0	—	—	0.004	0.01	0.06	0.02	0.007	—	0.001	图4-3:9
16.921	箭头	别利斯克冢群和城址	主要	0.3	0.02	—	0.001	0.03	0.04	0.06	0.007	0.001	—	0.001	图4-1-2:13
16.922	箭头	别利斯克冢群和城址	主要	0.06	0.02	—	0.001	0.03	0.04	0.03	0.02	0.003	<0.003	0.001	图4-1-2:13
16.923	箭头	别利斯克冢群和城址	主要	0.06	0.2	—	—	0.02	0.01	0.08	0.2	0.003	—	0.001	图4-1-2:13
16.924	箭头	别利斯克冢群和城址	主要	2.0	0.08	—	0.001	0.02	0.04	0.06	0.06	0.007	—	0.001	图4-1-1:12
16.925	箭头	别利斯克冢群和城址	主要	0.2	0.01	—	0.001	0.02	0.01	0.03	0.06	0.007	—	0.001	图4-2-1:33

斯基泰时期的有色金属加工业——第聂伯河左岸森林草原地带

续表

实验室编号	器物	发现地点	Cu	Sn	Pb	Zn	Bi	Ag	Sb	As	Fe	Ni	Co	Au	图号
16.926	箭头	别利斯克家群和城址	主要	2.0	0.2	—	0.001	0.03	0.04	0.06	0.007	0.007	—	0.001	图4-2:47
16.927	箭头	别利斯克家群和城址	主要	3.0	0.06	—	0.001	0.07	0.04	0.2	0.06	0.003	—	0.003~0.01	图4-2:47
16.928	手镯	别利斯克家群和城址	主要	4.0	0.6	—	0.008	0.02	0.01	0.06	0.06	0.003	—	0.001~0.003	图4-18-1:7
16.929	手镯	别利斯克家群和城址	主要	3.0	0.3	—	0.004	0.02	0.01	0.06	0.007	0.003	—	0.001~0.003	图4-18-1:7
16.930	别针残片	别利斯克家群和城址	主要	5.0	0.01	—	0.001	0.004	0.003	0.02	0.02	0.03	0.01	0.001	图4-18-1:13
16.931	别针残片	别利斯克家群和城址	主要	8.0	0.01	—	0.001	0.006	0.01	0.03	0.02	0.03	0.02	—	图4-18-1:13
16.932	别针残片	别利斯克家群和城址	主要	8.0	0.01	—	—	0.004	0.007	0.02	0.02	0.03	0.01	0.001	图4-18-1:13
17.129	箭头	别利斯克家群和城址	主要	3.0	0.07	—	>1.0	0.03	—	0.01	0.002	0.01	0.007	0.001	图4-2-1:4
17.130	箭头	别利斯克家群和城址	主要	8.0	0.02	—	0.03	0.1	0.01	0.5	0.008	0.9	0.06	0.001~0.003	图4-2-2:19
17.131	箭头	别利斯克家群和城址	主要	8.0	0.5	—	0.9	0.09	0.8	0.5	0.008	0.003	—	0.001	图4-2-1:6

续表

实验室编号	器物	发现地点	Cu	Sn	Pb	Zn	Bi	Ag	Sb	As	Fe	Ni	Co	Au	图号
17.132	箭头	别利斯克家群和城址	主要	4.0	0.03	—	—	0.005	—	—	0.06	0.007	0.01	0.001	图4-1-2:16
17.133	手镯残片	别利斯克家群和城址	主要	8.0	0.07	—	0.001	0.02	—	—	0.06	0.2	0.6	0.003~0.01	图4-18-1:11
17.138	箭头	别利斯克家群和城址	主要	3.0	0.02	—	—	0.02	—	0.02	1.0	0.02	0.2	0.001~0.003	图4-1-1:10
17.140	箭头	别利斯克家群和城址	主要	0.6	4.0	—	—	0.01	0.04	0.06	0.002	0.004	—	0.001	图4-3:6
17.141	箭头	别利斯克家群和城址	主要	0.6	4.0	—	—	0.01	0.04	0.06	0.001	0.006	—	0.001	图4-3:6
17.142	箭头	别利斯克家群和城址	主要	0.6	4.0	—	—	0.01	0.04	0.06	0.002	0.009	—	0.001~0.003	图4-3:6
17.143	箭头	别利斯克家群和城址	主要	0.6	4.0	—	—	0.02	0.08	0.09	0.06	—	—	0.001	图4-3:6
17.144	箭头	别利斯克家群和城址	主要	0.6	6.0	—	—	0.001	0.007	0.2	0.5	—	0.003	0.001	图4-3:6
17.145	箭头	别利斯克家群和城址	主要	8.0	2.0	—	—	0.008	0.008	0.06	0.5	0.007	—	0.003~0.01	图4-3:7
17.146	箭头	别利斯克家群和城址	主要	0.3	2.0	—	0.001	0.004	0.007	0.06	0.06	0.001	<0.003	0.001	图4-3:7

177

续表

实验室编号	器物	发现地点	Cu	Sn	Pb	Zn	Bi	Ag	Sb	As	Fe	Ni	Co	Au	图号
17.147	箭头	别利斯克家群和城址	主要	4.0	2.0	—	0.002	0.004	0.01	0.03	0.008	0.007	—	0.001	图4-2-1:27
17.209	泡	博尔兹纳1号家	主要	4.0	0.6	—	0.004	0.02	0.04	0.2	0.02	0.02	0.007	0.001~0.003	图4-8-1:20
17.210	泡	博尔兹纳1号家	主要	4.0	0.6	—	0.004	0.02	0.04	0.06	0.06	0.02	0.003	0.001~0.003	图4-8-1:20
17.211	铆钉	博尔兹纳1号家	主要	4.0	2.0	—	—	0.001	0.007	0.06	0.7	0.003	0.002	0.001	图4-4:4
17.212	铆钉	博尔兹纳1号家	主要	3.0	0.8	—	—	0.0004	0.003	0.06	0.08	0.005	—	0.001~0.003	图4-4:4
17.213	铆钉	博尔兹纳1号家	主要	2.0	0.7	—	0.001	0.001	0.007	0.02	0.06	0.001	0.003	—	图4-4:4
17.214	泡	博尔兹纳1号家	主要	2.0	0.2	—	0.001	0.001	0.01	0.06	0.008	0.003	—	0.001	图4-9-1:19
17.215	节约	博尔兹纳1号家	主要	4.0	0.08	—	0.001	0.001	0.007	0.01	0.06	0.005	—	—	图4-8-1:12
19.664	杆头（管）	沃尔科夫齐476号家	主要	6.0	12.0	—	0.05	0.2	0.07	2.0	2.0	0.05	0.05	0.01~0.03	图4-11-1:4
19.664a	杆头（球）	沃尔科夫齐476号家	主要	12.0	12.0	—	0.02	0.2	0.07	2.0	2.0	0.07	0.05	0.01~0.03	图4-11-1:4

实验室编号	器物	发现地点	Cu	Sn	Pb	Zn	Bi	Ag	Sb	As	Fe	Ni	Co	Au	图号
19.665	杆头（管）	沃尔科夫齐476号冢	主要	12.0	12.0	—	0.03	0.2	0.07	2.0	1.0	0.07	0.06	0.01~0.03	图4-11-1:7
19.665a	杆头（球）	沃尔科夫齐476号冢	主要	12.0	10.0	—	0.02	0.2	0.04	2.0	1.0	0.05	0.02	0.01~0.03	图4-11-1:7
19.662	杆头	沃尔科夫齐476号冢	主要	12.0	4.0	—	0.02	0.1	0.08	0.6	1.0	0.05	0.05	0.01~0.03	图4-11-1:3
19.662a	杆头（喙）	沃尔科夫齐476号冢	主要	12.0	2.0	—	0.01	0.1	0.1	0.6	2.0	0.02	0.03	0.01~0.03	图4-11-1:3
17.097	联珠小环	沃尔科夫齐1号冢,1886年发掘	主要	3.0	2.0	—	0.001	0.01	0.01	0.2	0.06	0.02	—	0.001~0.003	图4-18-1:53
17.098	联珠小环	沃尔科夫齐1号冢,1886年发掘	主要	3.0	2.0	—	0.001	0.01	0.01	0.2	0.06	0.02	—	0.001~0.003	图4-18-1:53
17.099	联珠小环	沃尔科夫齐1号冢,1886年发掘	主要	2.0	2.0	—	0.004	0.01	0.04	0.06	0.02	0.007	—	0.001~0.003	图4-18-1:52
17.100	串珠	沃尔科夫齐1号冢,1886年发掘	主要	3.0	0.2	—	0.008	0.007	0.01	0.2	0.2	0.007	0.003	0.001~0.003	图4-8-1:4
17.101	串珠	沃尔科夫齐1号冢,1886年发掘	主要	1.0	0.2	—	0.004	0.004	0.008	0.09	0.06	0.003	0.003	0.001	图4-8-1:4
17.102	串珠	沃尔科夫齐1号冢,1886年发掘	主要	3.0	0.2	—	0.01	0.002	0.04	0.6	0.2	0.007	0.003	0.001	图4-8-1:4

续表

实验室编号	器物	发现地点	Cu	Sn	Pb	Zn	Bi	Ag	Sb	As	Fe	Ni	Co	Au	图号
17.103	箭头	沃尔科夫齐1号冢,1886年发掘	主要	3.0	0.04	—	—	0.001	—	0.06	0.2	0.003	0.003	—	—
19.663	杆头(球)	沃尔科夫齐1号冢,1897年发掘	主要	16.0	2.0	—	—	0.05	0.02	0.2	0.9	0.02	0.002	0.01~0.03	图4-11-1;12
19.663a	杆头(鹿)	沃尔科夫齐1号冢,1897年发掘	主要	16.0	1.0	—	—	0.06	0.02	0.2	0.3	0.02	0.003	0.003~0.01	图4-11-1;12
19.6636	杆头(铃)	沃尔科夫齐1号冢,1897年发掘	主要	2.0	6.0	—	0.02	0.02	0.04	0.2	0.1	0.05	0.002	0.01~0.03	图4-11-1;12
19.714	马镳	沃尔科夫齐1号冢,1897年发掘	主要	33.0	12.0	—	0.002	0.03	0.01	0.2	0.1	0.02	0.1	0.01~0.03	图4-7-1;3
19.715	马镳	沃尔科夫齐1号冢,1897年发掘	主要	12.0	12.0	—	0.002	0.05	0.01	0.1	0.2	0.05	0.1	0.01~0.03	图4-7-1;3
19.716	扣	沃尔科夫齐1号冢,1897年发掘	主要	12.0	6.0	—	0.007	0.07	0.05	0.07	0.004	0.05	—	0.01~0.03	图4-8-2;23
19.717	扣	沃尔科夫齐1号冢,1897年发掘	主要	12.0	0.3	—	—	0.1	0.01	0.07	0.03	0.03	0.02	0.01~0.03	图4-8-2;23
19.718	扣	沃尔科夫齐1号冢,1897年发掘	主要	12.0	2.0	—	0.002	0.03	0.03	0.6	0.01	0.02	0.02	0.01~0.03	图4-8-2;21
19.719	扣	沃尔科夫齐1号冢,1897年发掘	主要	33.0	1.0	—	0.002	0.05	0.03	0.3	0.03	0.03	0.02	0.01~0.03	图4-8-2;21

实验室编号	器物	发现地点	Cu	Sn	Pb	Zn	Bi	Ag	Sb	As	Fe	Ni	Co	Au	图号
19.720	扣	沃尔科夫齐1号家,1897年发掘	主要	33.0	12.0	—	0.007	0.03	0.01	0.07	0.2	0.02	0.02	0.003~0.01	图4-8-2:23
19.722	串珠	沃尔科夫齐1号家,1897年发掘	主要	33.0	0.3	—	—	0.08	0.02	0.6	0.4	0.05	0.15	0.01~0.03	图4-8-1:18
19.723	串珠	沃尔科夫齐1号家,1897年发掘	主要	33.0	12.0	—	0.007	0.06	0.02	0.2	0.1	0.06	0.02	0.003~0.01	图4-8-1:18
19.724	泡	沃尔科夫齐1号家,1897年发掘	主要	16.0	12.0	—	0.002	0.05	0.03	0.07	0.004	0.02	0.001	0.01~0.03	—
19.725	泡	沃尔科夫齐1号家,1897年发掘	主要	33.0	2.0	—	0.002	0.03	0.07	0.2	0.2	0.03	0.007	0.01~0.03	—
19.721	额饰	沃尔科夫齐1号家,1897年发掘	主要	33.0	6.0	—	—	0.004	0.002	0.03	0.15	0.009	0.008	—	图4-10-1:8
19.734	杆头（球）	沃尔科夫齐1号家,1897年发掘	主要	12.0	12.0	—	0.002	0.07	0.01	0.2	0.6	0.02	0.003	0.003~0.01	图4-11-1:11
19.734a	杆头（鹿）	沃尔科夫齐1号家,1897年发掘	主要	33.0	6.0	—	0.002	0.03	0.03	0.2	0.07	0.02	0.007	0.003~0.01	图4-11-1:11
19.735	杆头（球）	沃尔科夫齐1号家,1897年发掘	主要	33.0	6.0	—	0.005	0.07	0.02	0.2	0.1	0.05	0.005	0.003~0.01	图4-11-1:12
19.735a	杆头（鹿）	沃尔科夫齐1号家,1897年发掘	主要	15.0	6.0	—	—	0.03	0.02	0.2	0.7	0.02	0.007	0.01~0.03	图4-11-1:12

· 欧 · 亚 · 历 · 史 · 文 · 化 · 文 · 库 ·

续表

实验室编号	器物	发现地点	Cu	Sn	Pb	Zn	Bi	Ag	Sb	As	Fe	Ni	Co	Au	图号
19.759	镞(足部)	沃尔科夫齐1号冢,1897年发掘	主要	0.2	2.0	—	0.001	0.05	0.05	0.2	0.03	0.09	—	0.01~0.03	图4-19:2
19.759a	镞(器身)	沃尔科夫齐1号冢,1897年发掘	主要	0.06	1.0	—	0.002	0.03	0.02	0.03	0.004	0.05	—	0.003~0.01	图4-19:2
19.771	泡	沃尔科夫齐1号冢,1897年发掘	主要	5.0	0.8	—	0.003	0.004	0.01	0.2	0.005	0.003	—	0.001	图4-8-2:15
19.772	泡	沃尔科夫齐1号冢,1897年发掘	主要	5.0	6.0	—	0.003	0.004	0.02	0.2	0.01	0.007	—	0.001	图4-8-2:15
19.773	泡	沃尔科夫齐1号冢,1897年发掘	主要	12.0	2.0	—	0.002	0.05	0.02	0.2	0.07	0.03	0.02	0.003~0.01	图4-8-2:15
19.794	马镳残片	沃尔科夫齐1号冢,1897年发掘	主要	5.0	6.0	0.06	0.002	0.05	0.02	0.2	0.07	0.02	—	0.003~0.01	图4-7-1:10
19.795	马镳残片	沃尔科夫齐1号冢,1897年发掘	主要	12.0	3.0	0.1	—	0.03	0.01	0.07	0.6	0.03	—	0.003~0.01	图4-7-1:10
19.796	泡	沃尔科夫齐1号冢,1897年发掘	主要	14.0	12.0	—	0.01	0.03	0.02	0.2	0.01	0.02	0.02	0.003~0.01	图4-8-2:13
19.797	泡	沃尔科夫齐1号冢,1897年发掘	主要	14.0	6.0	—	0.08	0.04	0.01	0.6	0.03	0.02	0.02	0.003~0.01	图4-8-2:14
19.798	泡	沃尔科夫齐1号冢,1897年发掘	主要	14.0	6.0	—	0.005	0.05	0.03	0.2	0.01	0.02	0.02	0.003~0.01	图4-8-2:14

实验室编号	器物	发现地点	Cu	Sn	Pb	Zn	Bi	Ag	Sb	As	Fe	Ni	Co	Au	图号
19.799	泡	沃尔科夫齐1号冢,1897年发掘	主要	14.0	1.0	—	—	0.05	0.06	0.6	0.07	0.02	0.07	0.003~0.01	图 4-8-2:17
19.800	泡	沃尔科夫齐1号冢,1897年发掘	主要	14.0	12.0	—	0.008	0.05	0.06	0.6	0.2	0.05	0.02	0.003~0.01	图 4-8-2:18
19.801	泡	沃尔科夫齐1号冢,1897年发掘	主要	12.0	12.0	—	0.01	0.08	0.06	0.2	0.03	0.05	0.001	0.003~0.01	图 4-8-2:22
19.802	泡	沃尔科夫齐1号冢,1897年发掘	主要	12.0	2.0	—	0.01	0.06	0.1	0.2	0.006	0.02	0.003	0.01~0.03	图 4-9-2:1
19.803	泡	沃尔科夫齐1号冢,1897年发掘	主要	33.0	2.0	0.3	0.005	0.15	0.07	0.2	0.03	0.05	0.007	0.01~0.03	图 4-9-2:1
19.804	额饰	沃尔科夫齐1号冢,1897年发掘	主要	14.0	1.0	0.04	0.005	0.03	0.02	0.03	0.01	0.05	—	0.003~0.01	图 4-10-1:7
19.805	额饰	沃尔科夫齐1号冢,1897年发掘	主要	33.0	12.0	—	0.003	0.03	0.01	0.09	0.01	0.05	0.15	0.003	图 4-10-1:8
19.851	泡	沃尔科夫齐1号冢,1897年发掘	主要	12.0	0.3	0.15	—	0.2	0.15	0.2	0.3	0.05	0.01	0.01~0.03	图 4-8-2:19
19.852	泡	沃尔科夫齐1号冢,1897年发掘	主要	33.0	12.0	—	0.01	0.06	0.02	0.2	0.05	0.05	0.01	0.01~0.03	图 4-8-2:9
19.647	泡	沃尔科夫齐2号冢, 1897—1898年发掘	主要	30.0	6.0	—	0.003	0.05	0.02	0.2	0.1	0.05	0.003	0.01~0.03	图 4-9-1:25

183

续表

实验室编号	器物	发现地点	Cu	Sn	Pb	Zn	Bi	Ag	Sb	As	Fe	Ni	Co	Au	图号
19.648	泡	沃尔科夫齐家,1897—1898年发掘	主要	30.0	6.0	—	—	0.05	0.03	0.2	0.07	0.05	0.003	0.01~0.03	图 4-9-1:25
19.648a	泡	沃尔科夫齐家,1897—1898年发掘	主要	30.0	0.3	—	0.01	0.08	0.04	0.2	0.05	0.05	0.004	0.01~0.03	图 4-9-1:3
19.653	泡	沃尔科夫齐家,1897—1898年发掘	主要	14.0	3.0	—	0.005	0.1	0.06	0.6	0.01	0.01	0.01	0.01~0.03	图 4-9-1:11
19.654	泡	沃尔科夫齐家,1897—1898年发掘	主要	6.0	6.0	—	0.007	0.05	0.03	0.6	0.01	0.02	0.01	0.01~0.03	图 4-9-1:11
19.655	泡	沃尔科夫齐家,1897—1898年发掘	主要	12.0	0.8	—	0.002	0.03	2.5	0.95	0.07	0.03	0.05	0.01~0.03	图 4-9-1:17
19.656	泡	沃尔科夫齐家,1897—1898年发掘	主要	12.0	0.1	—	0.002	0.07	2.5	0.6	0.03	0.05	0.15	0.01~0.03	图 4-9-1:17
19.784	铠甲片	沃尔科夫齐家,1897—1898年发掘	主要	12.0	0.8	—	0.009	0.05	0.07	0.2	0.03	0.02	0.007	0.001~0.003	图 4-4:6

实验室编号	器物	发现地点	Cu	Sn	Pb	Zn	Bi	Ag	Sb	As	Fe	Ni	Co	Au	图号
19.785	铠甲片片	沃尔科夫齐2号冢,1897—1898年发掘	主要	14.0	0.04	—	0.005	0.05	0.01	0.2	0.03	0.02	0.008	0.01~0.03	图4-4:6
19.786	泡	沃尔科夫齐2号冢,1897—1898年发掘	主要	12.0	2.0	—	0.01	0.03	0.01	0.2	0.2	0.02	0.05	0.003~0.01	图4-10-1:16
19.787	泡	沃尔科夫齐2号冢,1897—1898年发掘	主要	14.0	1.0	—	0.01	0.05	0.01	0.2	0.1	0.02	0.05	0.003~0.01	图4-10-1:16
19.788	泡	沃尔科夫齐2号冢,1897—1898年发掘	主要	14.0	12.0	—	0.03	0.04	0.2	0.2	0.05	0.06	0.05	0.01~0.03	图4-8-2:12
19.790	马鼻饰残片	沃尔科夫齐2号冢,1897—1898年发掘	主要	33.0	7.0	0.04	0.003	0.01	0.06	0.2	0.01	0.05	0.007	0.003~0.01	图4-10-1:6
19.791	马镳残片	沃尔科夫齐2号冢,1897—1898年发掘	主要	12.0	1.0	0.04	0.005	0.03	0.4	0.2	0.01	0.15	0.02	0.003~0.01	图4-7-1:4
19.792	马镳残片	沃尔科夫齐2号冢,1897—1898年发掘	主要	12.0	1.0	0.15	0.005	0.05	0.04	0.2	0.2	0.07	0.02	0.003~0.01	图4-7-1:4

185

续表

实验室编号	器物	发现地点	Cu	Sn	Pb	Zn	Bi	Ag	Sb	As	Fe	Ni	Co	Au	图号
19.837	马镳	沃尔科夫齐2号冢,1897—1898年发掘	主要	14.0	2.0	—	0.01	0.07	0.1	0.2	0.03	0.06	0.01	0.01~0.03	图4-7-1:5
19.807	马鼻饰	沃尔科夫齐4号冢3号墓	主要	12.0	0.2	0.04	0.005	0.1	0.03	0.6	0.07	0.05	0.004	0.01~0.03	图4-10-1:15
19.765	镜	沃尔科夫齐4号冢3号墓	主要	5.0	0.04	0.04	0.003	0.02	0.01	0.1	0.03	0.008	0.001	0.001~0.003	图4-16:14
19.808	马鼻饰	沃尔科夫齐4号冢3号墓	主要	12.0	0.2	—	—	0.06	0.03	0.2	0.2	0.05	0.007	0.01~0.03	图4-10-1:15
19.730	泡	沃尔科夫齐4号冢4号墓	主要	6.0	2.0	—	0.01	1~3.0	0.06	0.2	0.01	0.05	—	0.01~0.03	图4-9-1:15
19.731	泡	沃尔科夫齐4号冢4号墓	主要	6.0	2.0	—	0.01	1~3.0	0.1	0.2	0.01	0.05	0.05	0.01~0.03	图4-9-1:15
19.732	泡	沃尔科夫齐4号冢4号墓	主要	12.0	2.0	0.04	0.007	1~3.0	0.06	0.2	0.01	0.05	—	0.01~0.03	图4-9-1:15
19.733	马鼻饰	沃尔科夫齐4号冢4号墓	主要	14.0	6.0	—	0.01	0.2	0.1	0.6	0.01	0.02	0.005	0.01~0.03	图4-10-1:14
19.755	镜	沃尔科夫齐4号冢4号墓	主要	19.0	0.4	—	—	0.03	0.009	0.2	0.6	0.04	0.7	0.003~0.01	图4-16:18
19.779	杆头	沃尔科夫齐4号冢4号墓	主要	12.0	2.0	—	0.005	0.05	0.04	0.2	0.1	0.03	0.02	0.003~0.01	图4-16:20

实验室编号	器物	发现地点	Cu	Sn	Pb	Zn	Bi	Ag	Sb	As	Fe	Ni	Co	Au	图号
19.793	铃	沃尔科夫齐家4号墓	主要	6.0	6.0	0.04	—	0.05	0.02	0.2	0.06	0.06	0.03	0.003~0.01	图4-18-1:59
19.806	马鼻饰	沃尔科夫齐家4号墓	主要	12.0	6.0	—	0.01	0.2	0.8	0.2	0.004	0.06	0.001	0.03~0.1	图4-10-1:14
19.809	马镳残片	沃尔科夫齐家4号墓	主要	12.0	6.0	—	0.01	0.06	0.02	0.2	0.01	0.05	—	0.01~0.03	图4-7-1:7
19.810	马镳残片	沃尔科夫齐家4号墓	主要	12.0	0.8	0.04	—	0.05	0.04	0.2	0.1	0.03	—	0.01~0.03	图4-7-1:7
19.811	泡	沃尔科夫齐家4号墓	主要	12.0	0.8	—	0.005	0.2	0.03	0.07	0.01	0.05	0.007	0.01~0.03	图4-8-2:7
19.812	泡	沃尔科夫齐家4号墓	主要	14.0	6.0	—	0.04	0.2	0.1	0.2	0.03	0.03	—	0.1~0.3	图4-8-2:7
19.813	泡	沃尔科夫齐家4号墓	主要	12.0	1.0	—	0.01	0.2	0.1	0.2	0.2	0.05	—	0.1~0.3	图4-8-2:7
19.814	泡	沃尔科夫齐家4号墓	主要	12.0	6.0	—	0.03	0.2	0.1	0.2	0.01	0.02	—	0.03~0.1	图4-8-2:7
19.815	泡	沃尔科夫齐家4号墓	主要	12.0	2.0	—	0.01	0.2	0.1	0.2	0.03	0.05	0.01	0.03~0.1	图4-8-2:7
19.834	手镯残片	沃尔科夫齐家4号墓	主要	14.0	6.0	—	0.02	0.05	0.06	0.2	0.001	0.05	0.02	0.01~0.03	图4-18-1:5

实验室编号	器物	发现地点	Cu	Sn	Pb	Zn	Bi	Ag	Sb	As	Fe	Ni	Co	Au	图号
19.728	马镳	沃尔科夫齐4号冢	主要	5.0	2.0	—	0.005	0.03	0.02	0.6	0.004	0.05	0.02	0.01~0.03	图4-7-1:6
19.729	马镳	沃尔科夫齐4号冢	主要	33.0	1.0	—	0.002	0.05	0.03	0.7	0.03	0.05	0.05	0.01~0.03	图4-7-1:6
19.780	扣	沃尔科夫齐4号冢	主要	12.0	7.0	—	0.005	0.01	0.01	0.07	0.03	0.01	—	0.003~0.01	图4-8-2:23
19.781	扣	沃尔科夫齐4号冢	主要	19.0	7.0	—	—	0.03	0.01	0.07	0.03	0.05	0.15	0.003~0.01	图4-9-2:2
19.782	串珠?	沃尔科夫齐4号冢	主要	12.0	12.0	—	—	0.01	0.06	0.07	0.2	0.002	0.05	0.003~0.01	图4-8-1:19
17.086	串珠	沃尔科夫齐5号冢	主要	4.0	0.07	—	0.04	0.02	0.008	0.06	0.2	0.009	0.003	0.001	图4-8-1:17
17.087	串珠	沃尔科夫齐5号冢	主要	8.0	0.06	—	0.07	0.03	0.2	0.5	0.5	0.02	0.002	0.001	图4-8-1:17
17.088	手镯残片	沃尔科夫齐5号冢	主要	8.0	0.08	—	0.008	0.04	0.04	0.2	0.007	0.007	—	0.001	图4-18-1:9
17.089	手镯残片	沃尔科夫齐5号冢	主要	11.0	0.2	—	0.008	0.04	0.04	0.2	0.008	0.007	—	0.001	图4-18-1:9
17.090	手镯残片	沃尔科夫齐5号冢	主要	8.0	0.08	—	0.008	0.02	0.01	0.2	0.007	0.01	—	0.001	图4-18-1:9

续表

实验室编号	器物	发现地点	Cu	Sn	Pb	Zn	Bi	Ag	Sb	As	Fe	Ni	Co	Au	图号
17.091	手镯残片	沃尔科夫齐号冢 5	主要	8.0	0.01	—	—	0.01	0.01	0.03	0.2	0.007	—	0.001	图 4-18-1:9
17.092	箭头	沃尔科夫齐号冢 5	主要	4.0	0.03	—	0.3	0.02	0.03	0.3	0.2	0.001	—	0.001	图 4-2-1:10
17.093	镜	沃尔科夫齐号冢 6	主要	8.0	0.03	—	—	0.002	—	0.06	0.2	0.02	0.003	—	图 4-16:17
17.094	手镯	沃尔科夫齐号冢 6	主要	8.0	0.003	—	—	0.0007	—	0.03	0.5	0.007	—	<0.001	图 4-18-1:10
17.082	杆头	沃尔科夫齐号冢 7	主要	3.0	4.5	—	0.008	0.03	0.08	0.2	0.5	0.05	0.06	0.001	图 4-11-1:8
17.083	杆头	沃尔科夫齐号冢 7	主要	2.0	4.5	—	—	0.01	0.04	0.2	0.4	0.02	0.02	—	图 4-11-1:8
17.084	泡	沃尔科夫齐号冢 7	主要	8.0	2.0	—	0.004	0.02	—	0.02	0.2	0.05	0.01	0.001	图 4-8-1:1
17.085	泡	沃尔科夫齐号冢 7	主要	8.0	0.9	—	0.008	0.02	0.003	0.1	0.06	0.02	0.01	0.001	图 4-8-1:1
17.105	泡	沃尔科夫齐号冢 8	主要	8.0	1.7	—	0.008	0.03	0.09	0.02	0.02	0.02	0.03	0.001	图 4-9-1:1
17.106	泡	沃尔科夫齐号冢 8	主要	20.0	0.2	—	0.006	0.007	—	0.01	0.007	0.02	0.02	0.001	图 4-9-1:1

续表

实验室编号	器物	发现地点	Cu	Sn	Pb	Zn	Bi	Ag	Sb	As	Fe	Ni	Co	Au	图号
17.107	泡	沃尔科夫齐8号冢	主要	8.0	0.04	—	0.004	0.02	0.008	0.02	0.02	0.01	0.01	0.001	图4-9-1:1
17.108	箭头	沃尔科夫齐8号冢	主要	8.0	0.6	—	0.01	0.02	0.003	0.02	0.007	0.07	0.08	<0.001	图4-2-2:8
17.109	箭头	沃尔科夫齐8号冢	主要	8.0	0.03	—	0.002	0.03	0.04	0.2	0.06	0.01	0.003	0.001	图4-2-1:31
17.110	箭头	沃尔科夫齐8号冢	主要	8.0	0.07	—	0.01	0.03	0.2	0.2	0.001	0.007	—	0.001	图4-2-1:31
17.095	箭头	沃尔科夫齐9号冢	主要	0.6	0.6	0.04	0.001	0.0003	0.08	0.01	0.06	0.001	—	—	图4-2-1:14
17.096	箭头	沃尔科夫齐9号冢	主要	8.0	0.6	—	—	0.04	—	—	1.0	0.007	0.003	—	图4-2-2:26
19.767	泡—串珠	舒梅科夫村	主要	2.0	0.3	—	0.005	0.08	0.03	0.07	0.01	0.05	0.001	0.001~0.003	图4-6-1:9、10
19.768	泡—串珠	舒梅科夫村	主要	6.0	0.3	—	0.002	0.05	0.01	0.03	0.03	0.008	0.003	0.001	图4-6-1:9、10
19.776	泡—串珠	舒梅科夫村	主要	12.0	2.0	—	0.02	0.1	0.1	0.6	0.04	0.01	0.007	0.001	图4-6-1:9、10
19.777	泡—串珠	舒梅科夫村	主要	12.0	2.0	—	0.02	0.1	0.03	0.2	0.05	0.02	0.004	0.001	图4-6-1:9、10

实验室编号	器物	发现地点	Cu	Sn	Pb	Zn	Bi	Ag	Sb	As	Fe	Ni	Co	Au	图号
19.840	泡	舒梅科夫村	主要	16.0	0.06	—	0.01	0.08	0.06	0.2	0.07	0.02	—	0.003~0.01	图4-6-1:11
19.841	泡	舒梅科夫村	主要	12.0	0.3	0.1	0.01	0.2	0.06	0.2	0.01	0.02	—	0.003~0.01	图4-6-1:11
19.651	马额饰	沃尔科夫齐	主要	16.0	12.0	—	0.003	0.1	0.02	0.09	0.1	0.02	0.004	0.01~0.03	图4-10-1:7
19.652	马额饰	沃尔科夫齐	主要	33.0	2.0	—	0.01	0.1	0.06	0.6	0.01	0.05	0.008	0.01~0.03	图4-10-1:3
19.657	泡	沃尔科夫齐	主要	12.0	6.0	—	0.005	0.07	0.04	0.6	0.01	0.02	0.001	0.01~0.03	图4-8-2:5
19.658	泡	沃尔科夫齐	主要	12.0	2.0	—	0.01	0.2	0.15	0.2	0.02	0.05	—	0.1~0.3	图4-8-2:5
19.660	杆头（球）	沃尔科夫齐	主要	12.0	0.8	—	0.005	0.05	0.06	0.2	4.0	0.05	0.005	0.01~0.03	图4-11-2:1,2
19.660a	杆头（鹿）	沃尔科夫齐	主要	12.0	2.0	—	—	0.03	0.07	0.2	0.6	0.02	—	0.01~0.03	图4-11-2:1,2
19.6606	杆头（底座）	沃尔科夫齐	主要	12.0	0.3	—	—	0.03	0.1	0.2	1.0	0.05	—	0.01~0.03	图4-11-2:1,2
19.661	杆头（球）	沃尔科夫齐	主要	14.0	0.3	—	—	0.03	0.06	0.25	2.0	0.05	—	0.01~0.03	图4-11-2:1,2
19.661a	杆头（鹿）	沃尔科夫齐	主要	14.0	0.3	—	—	0.02	0.06	0.2	0.03	0.05	—	0.01~0.03	图4-11-2:1,2
19.6616	杆头（底座）	沃尔科夫齐	主要	12.0	0.8	—	0.002	0.06	0.1	0.2	0.03	0.05	0.001	0.01~0.03	图4-11-2:1,2

·欧·亚·历·史·文·化·文·库·

斯基泰时期的有色金属加工工业——第聂伯河左岸森林草原地带

续表

实验室编号	器物	发现地点	Cu	Sn	Pb	Zn	Bi	Ag	Sb	As	Fe	Ni	Co	Au	图号
19.778	扣	沃尔科夫齐	主要	6.0	0.8	—	0.002	0.1	0.06	0.07	0.004	0.03	—	0.003~0.01	—
19.789	扣	沃尔科夫齐	主要	12.0	2.0	0.04	0.006	0.03	0.02	0.07	0.01	0.05	0.02	0.003~0.01	图4-9-1:9
19.918	杆头	沃尔科夫齐	主要	33.0	2.0	—	—	0.2	0.02	0.3	1.0	0.4	0.9	0.01~0.03	图4-11-1:6
19.919	杆头	沃尔科夫齐	主要	14.0	6.0	—	0.01	0.2	0.02	0.2	0.2	0.4	0.9	0.003~0.01	图4-11-1:5
19.932	杆头（庵）	沃尔科夫齐	主要	9.0	6.0	—	—	0.06	0.02	0.1	0.2	0.02	—	0.003	图4-11-2:3、4
19.932a	杆头（球）	沃尔科夫齐	主要	33.0	0.8	—	—	0.2	0.1	0.2	0.2	0.05	—	0.01	图4-11-2:3、4
19.933	铃	沃尔科夫齐	主要	12.0	12.0	—	0.02	0.07	0.02	0.2	0.2	0.05	—	0.01~0.03	图4-18-1:62
19.934	铃	沃尔科夫齐	主要	33.0	0.1	—	—	0.06	0.007	0.2	0.2	0.05	0.05	0.003~0.01	图4-18-1:62
19.935	铃	沃尔科夫齐	主要	12.0	0.6	—	0.007	0.2	0.02	0.6	0.1	0.1	0.1	0.01~0.03	图4-18-1:62
19.936	铃	沃尔科夫齐	主要	12.0	7.0	0.08	—	0.06	0.03	0.2	0.4	0.03	—	0.01~0.03	图4-18-1:62
19.937	铃	沃尔科夫齐	主要	13.0	0.2	—	—	0.03	0.002	0.2	0.1	0.05	0.05	0.01~0.03	图4-18-1:62
19.774	铃	沃尔科夫齐	主要	14.0	12.0	—	?	0.05	0.03	0.1	0.1	0.02	0.05	0.003~0.01	图4-8-2:10
19.775	铃	沃尔科夫齐	主要	6.0	0.3	—	0.002	0.1	0.06	0.03	0.004	0.03	0.003	0.003~0.01	图4-8-2:11
20.644	泡	沃尔科夫齐	主要	6.0	0.3	0.1	0.004	0.2	0.07	0.09	0.02	0.01	—	0.001~0.003	图4-8-2:8

实验室编号	器物	发现地点	Cu	Sn	Pb	Zn	Bi	Ag	Sb	As	Fe	Ni	Co	Au	图号
20.645	泡	沃尔科夫齐	主要	8.0	1.0	—	—	0.2	0.1	0.09	0.4	0.01	—	0.001~0.003	图4-8-2:8
20.647	泡	沃尔科夫齐	主要	3.0	1.0	—	0.005	0.02	0.09	0.2	0.01	0.1	0.004	0.001	图4-8-2:16
19.761	镜柄	加夫里洛夫卡	主要	5.0	0.15	0.04	0.001	0.03	0.01	—	0.004	0.02	0.003	0.001~0.003	图4-16:10
16.749	镜	格拉西莫夫卡	主要	3.8	0.09	—	0.07	0.03	0.01	1.5	0.08	0.007	<0.003	0.001	图4-16:1
17.048	泡	格拉西莫夫卡	主要	20.0	0.3	—	0.008	0.07	0.08	0.2	0.007	0.05	0.003	0.001	图4-6-1:21
17.049	泡	格拉西莫夫卡	主要	11.0	2.0	—	0.008	0.07	0.1	0.2	0.06	0.01	0.003	0.001	图4-6-1:21
17.050	泡	格拉西莫夫卡	主要	12.0	2.0	—	0.004	0.04	0.08	0.1	0.06	0.007	0.003	0.001	图4-6-1:21
17.051	别针	格拉西莫夫卡	主要	有	有	—	—	主要	—	—	—	—	—	许多	图4-18-1:20
17.052	别针	格拉西莫夫卡	主要	8.0	—	—	—	0.02	—	0.01	0.5	0.07	0.003	0.001	图4-18-1:21
17.053	别针	格拉西莫夫卡	有	有	有	—	—	主要	—	—	—	—	—	许多	图4-8-2:3
17.112	箭头	格利尼谢	主要	9.0	0.07	—	0.004	0.02	0.09	0.2	0.007	0.02	0.007	0.001	图4-1-1:21
17.113	箭头	格利尼谢	主要	10.0	0.2	—	0.002	0.04	0.04	0.2	0.008	0.007	<0.003	0.001	图4-1-1:21
17.114	箭头	格利尼谢	主要	11.0	0.1	—	0.001	0.03	0.04	0.2	0.003	0.009	—	0.001~0.003	图4-1-1:21
17.115	箭头	格利尼谢	主要	0.6	0.03	—	0.001	0.03	0.04	0.2	0.2	0.007	—	0.001	图4-1-2:7
17.116	箭头	格利尼谢	主要	3.0	0.06	—	0.004	0.04	0.04	0.2	0.02	0.007	<0.003	0.001	图4-1-2:7
17.117	箭头	格利尼谢	主要	3.0	0.6	—	0.004	0.02	0.04	0.2	0.007	0.003	—	0.001	图4-1-2:7

续表

实验室编号	器物	发现地点	Cu	Sn	Pb	Zn	Bi	Ag	Sb	As	Fe	Ni	Co	Au	图号
17.118	箭头	格利尼谢	主要	3.0	0.07	—	0.004	0.04	0.09	0.5	0.007	0.02	<0.003	0.001	图4-1-1:17,19
17.119	箭头	格利尼谢	主要	0.6	0.06	—	0.004	0.1	0.2	1.5	0.007	0.02	—	0.001~0.003	图4-1-1:17,19
17.120	箭头	格利尼谢	主要	3.0	0.2	—	0.004	0.05	0.04	0.5	0.02	0.02	0.003	0.001	图4-1-1:17,19
17.121	箭头	格利尼谢	主要	2.0	0.6	—	0.004	0.1	0.08	0.5	0.001	0.02	—	0.001~0.003	图4-1-1:18
17.122	箭头	格利尼谢	主要	8.0	0.2	—	0.004	0.1	0.04	0.5	0.007	0.01	0.003	0.001~0.003	图4-2-2:5-6
17.123	箭头	格利尼谢	主要	0.6	0.9	—	0.004	0.1	0.01	0.2	0.2	0.007	—	0.001~0.003	图4-2-2:5-6
17.124	箭头	格利尼谢	主要	3.0	0.2	—	0.2	0.04	0.2	0.5	0.007	0.01	0.003	0.001	图4-2-2:5-6
17.125	箭头	格利尼谢	主要	4.0	0.2	—	0.004	0.02	0.08	2.5	0.09	0.007	0.003	0.001	—
17.126	箭头	格利尼谢	主要	8.0	0.6	—	0.002	0.04	0.2	0.9	0.25	0.01	0.01	0.001	图4-2-2:10
17.127	小环	格利尼谢	主要	8.0	0.6	—	0.03	0.02	0.04	0.8	0.06	0.007	0.003	0.001	图4-18-1:51
17.128	镜	格利尼谢	主要	8.0	4.5	—	0.2	0.09	0.04	0.5	0.5	0.007	0.009	0.001~0.003	图4-16:6
20.615	镜(器身)	克里亚契科夫卡村	主要	0.1	0.05	—	0.001	0.009	0.02	0.2	0.02	0.05	0.01	0.001~0.003	图4-19:4

实验室编号	器物	发现地点	Cu	Sn	Pb	Zn	Bi	Ag	Sb	As	Fe	Ni	Co	Au	图号
20.615a	镞（足）	克里亚契科夫卡村	主要	0.06	0.1	—	0.001	0.005	0.01	0.2	0.02	0.05	0.02	0.001~0.003	图4-19:4
20.6156	镞（把手）	克里亚契科夫卡村	主要	0.04	0.04	—	—	0.0004	0.008	0.09	0.02	0.01	0.02	0.001~0.003	图4-19:4
20.620	泡	克里亚契科夫卡村	主要	8.0	3.50	—	0.009	0.01	0.07	0.25	0.01	0.006	—	0.001	图4-9-1:31
20.621	箭头	克里亚契科夫卡村	主要	0.8	3.50	0.08	0.009	0.003	0.02	0.09	0.01	0.007	0.1	0.001~0.003	图4-3:1、3
20.622	箭头	克里亚契科夫卡村	主要	0.7	8.50	0.1	0.004	0.003	0.01	0.2	0.06	0.005	0.05	0.001~0.003	图4-3:1、3
20.624	箭头	克里亚契科夫卡村	主要	0.5	1.0	—	0.001	0.0004	0.01	0.09	0.01	0.005	0.05	0.001~0.003	图4-3:1、3
20.625	箭头	克里亚契科夫卡村	主要	1.0	1.80	—	0.004	0.0002	0.03	0.09	0.04	0.01	0.05	0.001~0.003	图4-3:1、3
20.657	箭头	克里亚契科夫卡村	主要	10.0	3.50	—	0.004	0.002	0.02	0.3	0.01	0.009	0.05	0.001	图4-3:11
20.658	箭头	克里亚契科夫卡村	主要	8.0	3.50	—	0.004	0.003	0.02	0.04	0.001	0.005	0.01	0.001	图4-3:11
20.659	箭头	克里亚契科夫卡村	主要	9.0	3.50	—	0.004	0.005	0.02	0.25	0.02	0.005	0.05	0.001	图4-3:11

续表

斯基泰时期的有色金属加工业——第聂伯河左岸森林草原地带

实验室编号	器物	发现地点	Cu	Sn	Pb	Zn	Bi	Ag	Sb	As	Fe	Ni	Co	Au	图号
20.660	箭头	克里亚契科夫卡村	主要	8.0	5.0	—	0.002	0.005	0.03	0.1	0.06	0.005	0.001	0.001	图4-3:11
20.661	箭头	克里亚契科夫卡村	主要	8.0	0.1	—	0.002	0.003	0.01	0.25	0.001	0.008	0.004	0.001	图4-3:11
20.662	箭头	克里亚契科夫卡村	主要	8.0	8.0	—	0.4	0.02	0.01	0.1	0.001	0.1	0.009	0.001	图4-3:11
20.663	箭头	克里亚契科夫卡村	主要	1.0	1.5	—	0.004	0.003	0.01	0.1	0.01	0.01	0.05	0.001	图4-3:1,3
20.664	箭头	克里亚契科夫卡村	主要	0.5	1.0	—	0.002	0.002	0.01	0.1	0.001	0.008	0.1	0.001	图4-3:1,3
20.665	箭头	克里亚契科夫卡村	主要	1.0	1.5	—	0.001	0.002	0.01	0.09	0.01	0.01	0.05	0.001	—
20.666	箭头	克里亚契科夫卡村	主要	1.0	3.5	—	0.001	0.003	0.01	0.1	0.001	0.01	0.01	0.001	—
20.667	箭头	克里亚契科夫卡村	主要	0.5	1.5	—	0.001	0.002	0.01	0.1	0.01	0.007	0.06	0.001	—
17.148	耳环	利哈切夫卡村	主要	8.0	0.6	—	0.02	0.05	0.04	0.07	0.06	0.02	—	0.001~0.003	图4-18-1:40
17.149	耳环	利哈切夫卡村	主要	8.0	0.8	—	0.008	0.07	0.02	0.06	0.02	0.02	<0.003	0.001~0.003	图4-18-1:40
17.150	耳环	利哈切夫卡村	主要	8.0	0.01	—	—	0.001	0.007	0.03	0.06	0.02	—	0.001	图4-18-1:47

实验室编号	器物	发现地点	Cu	Sn	Pb	Zn	Bi	Ag	Sb	As	Fe	Ni	Co	Au	图号
17.151	耳环	利哈切夫卡村	主要	8.0	0.04	—	—	0.009	—	—	0.5	0.07	0.06	0.001~0.003	图4-18-1:46
17.152	串珠	利哈切夫卡村	主要	8.0	2.0	—	0.004	0.004	0.2	0.2	0.002	0.01	—	0.001~0.003	—
17.153	串珠	利哈切夫卡村	主要	8.0	2.0	—	0.008	0.005	0.1	0.2	0.007	0.007	—	0.001	—
17.154	别针	利哈切夫卡村	主要	3.0	1.0	—	0.002	0.02	0.04	0.65	0.06	0.02	0.03	0.001~0.003	图4-18-1:14
17.155	别针	利哈切夫卡村	主要	11.0	0.04	—	—	0.005	—	—	0.2	0.05	0.2	0.001~0.003	图4-18-1:14
17.156	别针	利哈切夫卡村	主要	8.0	0.03	—	0.004	0.03	0.01	0.02	0.2	0.01	<0.003	0.001	图4-18-1:15
17.157	别针	利哈切夫卡村	主要	8.0	0.2	—	0.008	0.02	0.04	0.2	0.002	0.07	—	0.001~0.003	图4-18-1:16
17.159	针	利哈切夫卡村	主要	8.0	0.06	—	0.008	0.03	0.02	0.07	0.06	0.01	0.02	0.001	—
17.160	箭头	利哈切夫卡村	主要	8.0	0.5	—	0.002	0.02	0.04	0.06	0.007	0.007	—	0.001	图4-2-2:11
17.161	箭头	利哈切夫卡村	主要	14.0	0.7	—	0.001	0.02	0.04	0.06	0.02	0.007	—	0.001	图4-2-2:11
17.162	箭头	利哈切夫卡村	主要	8.0	0.08	—	0.004	0.02	0.2	0.2	0.002	0.007	0.003	0.001	图4-2-2:11
17.162a	箭头	利哈切夫卡村	主要	8.0	0.6	—	0.001	0.03	0.01	0.03	0.002	0.007	—	0.001	图4-1-2:9
17.163	箭头	利哈切夫卡村	主要	2.0	0.06	—	0.004	0.02	0.02	0.2	0.06	0.007	0.007	0.001	图4-1-2:9
17.164	箭头	利哈切夫卡村	主要	0.2	0.08	—	0.004	0.04	0.04	0.07	0.02	0.007	—	0.001~0.003	图4-1-2:9
17.165	箭头	利哈切夫卡村	主要	3.0	0.2	—	0.004	0.04	0.04	0.2	0.002	0.007	—	0.001	图4-2-2:5
17.166	箭头	利哈切夫卡村	主要	3.0	0.02	—	0.004	0.03	0.04	0.06	0.007	0.007	0.007	0.001	图4-2-2:5

续表

实验室编号	器物	发现地点	Cu	Sn	Pb	Zn	Bi	Ag	Sb	As	Fe	Ni	Co	Au	图号
17.167	箭头	利哈切夫卡村	主要	3.0	0.03	—	0.004	0.03	0.04	0.2	0.06	0.007	0.007	0.001	图4-2-2:5
17.168	箭头	利哈切夫卡村	主要	8.0	0.01	—	—	0.004	0.008	0.06	0.002	0.01	0.002	0.001	图4-2-1:15
17.169	箭头	利哈切夫卡村	主要	8.0	0.6	—	0.004	0.02	0.01	0.02	0.02	0.02	0.007	0.001	图4-2-1:15
17.170	箭头	利哈切夫卡村	主要	8.0	2.0	—	0.004	0.002	0.01	—	0.01	0.05	0.002	—	图4-2-1:15
17.171	箭头	利哈切夫卡村	主要	8.0	2.0	—	0.004	0.004	0.01	0.06	0.002	0.02	0.003	0.001	图4-2-1:15
17.172	箭头	利哈切夫卡村	主要	8.0	2.0	—	0.03	0.02	0.04	0.06	0.01	0.02	0.01	0.001	图4-2-1:15
17.173	箭头	利哈切夫卡村	主要	8.0	6.0	—	0.001	0.04	0.04	0.03	0.003	0.02	0.004	0.001~0.003	图4-2-1:3、22
17.174	箭头	利哈切夫卡村	主要	2.0	0.2	—	0.004	0.02	1.0	0.2	0.003	0.01	0.003	0.001~0.003	图4-2-1:3、22
17.175	箭头	利哈切夫卡村	主要	8.0	2.0	—	0.004	0.02	0.04	0.2	0.007	0.02	0.003	0.001~0.003	图4-2-1:3、22
17.176	箭头	利哈切夫卡村	主要	8.0	4.0	—	—	0.001	0.01	0.01	0.002	0.004	—	0.001	图4-2-1:3、22
17.177	箭头	利哈切夫卡村	主要	2.0	0.07	0.04	0.004	0.006	1.0	0.5	0.002	0.004	—	0.001	图4-2-1:3、22
17.178	箭头	利哈切夫卡村	主要	3.0	0.6	—	0.001	0.004	0.04	0.01	0.003	—	—	0.001	图4-3:12
17.179	箭头	利哈切夫卡村	主要	3.0	10.0	0.04	0.008	0.03	0.08	0.2	0.02	0.007	0.007	0.003~0.01	图4-3:12

实验室编号	器物	发现地点	Cu	Sn	Pb	Zn	Bi	Ag	Sb	As	Fe	Ni	Co	Au	图号
17.180	箭头	利哈切夫卡村	主要	2.0	10.0	—	0.002	0.02	0.04	0.01	0.02	0.02	0.02	0.001	图4-3:12
17.181	箭头	利哈切夫卡村	主要	8.0	2.0	—	0.001	0.001	0.007	0.06	0.05	0.02	0.02	0.001	图4-3:12
17.182	箭头	利哈切夫卡村	主要	3.0	10.0	—	0.008	0.02	0.04	0.02	0.02	0.02	0.02	0.001	图4-3:12
17.183	箭头	利哈切夫卡村	主要	3.0	2.0	—	0.01	0.007	0.04	0.02	0.02	0.05	0.02	0.001	—
17.184	箭头	利哈切夫卡村	主要	3.0	0.04	—	0.002	0.04	0.02	0.06	0.007	0.009	0.007	0.001~0.003	图4-1-1:16
17.185	箭头	利哈切夫卡村	主要	10.0	0.04	—	0.008	0.04	0.04	0.2	0.003	0.02	0.003	0.001~0.003	图4-1-1:16
17.186	箭头	利哈切夫卡村	主要	3.0	0.6	—	0.007	0.04	0.01	1.8	0.01	0.02	0.02	0.001	图4-1-2:1
17.187	箭头	利哈切夫卡村	主要	8.0	0.07	—	0.01	0.02	0.04	0.06	0.02	0.007	0.003	0.001	图4-1-2:1
17.188	箭头	利哈切夫卡村	主要	0.2	0.04	—	0.004	0.03	0.02	0.06	0.002	0.007	—	0.001	图4-1-1:11
17.189	箭头	利哈切夫卡村	主要	8.0	0.05	—	0.1	0.04	0.005	0.3	0.007	0.007	0.007	0.001	图4-1-1:11
17.190	箭头	利哈切夫卡村	主要	8.0	0.07	—	0.001	0.02	0.35	0.02	0.06	0.01	0.03	0.001	图4-1-2:4
17.191	箭头	利哈切夫卡村	主要	8.0	0.07	—	0.1	0.02	—	—	0.001	0.003	0.003	0.001~0.003	图4-1-2:6
17.192	箭头	利哈切夫卡村	主要	8.0	1.0	—	0.004	0.02	0.01	0.06	0.007	0.007	—	0.001	图4-2-1:21
17.193	箭头	利哈切夫卡村	主要	4.0	0.07	—	0.04	0.01	—	0.01	0.002	0.05	0.06	0.003~0.01	图4-2-2:27
17.194	箭头	利哈切夫卡村	主要	8.0	0.6	—	0.03	0.02	0.02	0.8	0.02	0.02	0.02	0.001	图4-2-2:28
17.195	箭头	利哈切夫卡村	主要	8.0	0.04	—	0.002	0.03	0.04	0.2	0.002	0.007	0.003	0.001	图4-1-1:20;图4-1-2:4

实验室编号	器物	发现地点	Cu	Sn	Pb	Zn	Bi	Ag	Sb	As	Fe	Ni	Co	Au	图号
17.196	箭头	利哈切夫卡村	主要	8.0	0.04	—	0.03	0.04	0.04	0.2	0.007	0.2	0.06	0.001	图1-1-1:13;图1-1-2:2:2
17.197	箭头	利哈切夫卡村	主要	8.0	0.6	—	0.008	0.04	0.2	0.2	0.007	0.01	0.004	0.001	图1-1-1:13;图1-1-2:2:2
17.226	箭头	利哈切夫卡村	主要	3.0	0.2	—	0.01	0.03	0.04	0.07	0.002	0.02	—	0.001~0.003	图4-2-1:36
17.227	箭头	利哈切夫卡村	主要	3.0	0.2	—	0.01	0.07	0.04	0.06	0.002	0.02	—	0.001~0.003	图4-2-1:36
17.228	箭头	利哈切夫卡村	主要	3.0	0.2	—	0.01	0.09	0.05	0.06	0.002	0.01	—	0.001~0.003	图4-2-1:36
17.229	箭头	利哈切夫卡村	主要	3.0	0.2	—	0.01	0.04	0.04	0.06	0.007	0.007	—	0.001	图4-2-1:36
17.230	箭头	利哈切夫卡村	主要	4.0	0.2	—	0.01	0.03	0.04	0.06	0.007	0.02	—	0.001	图4-2-1:36
17.231	箭头	利哈切夫卡村	主要	8.0	1.0	—	0.009	0.02	0.2	0.06	0.007	0.007	0.003	0.001~0.003	图4-2-1:19
17.232	箭头	利哈切夫卡村	主要	3.0	0.6	—	0.004	0.04	0.2	0.06	0.002	0.001	—	0.001	图4-2-1:19
17.233	箭头	利哈切夫卡村	主要	8.0	0.06	—	—	0.05	0.04	0.5	0.007	0.003	—	0.001~0.003	图4-2-1:19
17.234	箭头	利哈切夫卡村	主要	8.0	0.04	—	—	0.004	—	—	0.06	0.003	—	0.001~0.003	图4-2-1:18
17.235	箭头	利哈切夫卡村	主要	20.0	0.5	—	—	0.004	0.003	0.03	1.0	0.007	0.003	—	图4-2-1:18
17.236	箭头	利哈切夫卡村	主要	4.0	0.09	—	0.008	0.05	0.02	0.08	0.2	0.02	—	0.001	图4-2-1:18
20.720	小环	马丘希村	主要	5.0	1.50	—	0.002	0.01	0.04	0.2	0.001	0.01	—	0.001	图4-18-1:43
20.721	小环	马丘希村	主要	4.50	1.50	—	0.004	0.01	0.04	0.2	0.01	0.009	—	0.001	图4-18-1:43

实验室编号	器物	发现地点	Cu	Sn	Pb	Zn	Bi	Ag	Sb	As	Fe	Ni	Co	Au	图号
20.722	小环	马丘希村	主要	4.0	0.04	0.4	—	0.01	0.01	0.2	0.06	0.009	0.001	0.001	图4-18-1:44
20.723	铆钉	马丘希村	主要	2.0	8.50	—	0.004	0.003	0.01	0.09	0.01	0.005	—	0.001	图4-4:5
20.724	串珠	马丘希村	主要	3.0	1.50	—	0.001	0.003	0.01	0.04	0.03	0.005	—	0.001	图4-8-1:2
20.725	箭头	马丘希村	主要	1.0	0.9	—	—	0.002	0.9	0.15	0.2	0.005	0.008	0.001	图4-2-1:66
20.726	箭头	马丘希村	主要	8.0	1.0	—	0.001	0.0007	0.003	0.03	0.03	0.002	0.002	0.001	图4-2-2:30
20.727	箭头	马丘希村	主要	1.0	0.04	—	0.001	0.0006	0.003	0.01	0.01	0.002	0.002	0.001	图4-2-1:8
20.728	箭头	马丘希村	主要	3.0	0.02	0.03	0.001	0.001	0.003	0.09	0.01	0.003	0.002	0.001	图4-2-1:8
20.729	箭头	马丘希村	主要	1.0	0.04	—	0.001	0.0007	0.003	0.04	0.01	0.002	0.007	—	图4-2-1:8
20.609	马鼻饰	马丘希村	主要	8.0	1.0	—	0.002	0.2	0.07	0.2	0.07	0.02	0.003	0.001~0.003	图4-10-1:1
20.613	镜	马丘希村	主要	10.0	1.0	—	0.001	0.01	—	0.01	0.06	0.02	0.015	0.003	图4-16:11
20.613a	镜（柄）	马丘希村	主要	4.0	4.50	—	0.005	0.01	—	0.01	0.02	0.01	0.02	0.003	图4-16:11
19.886	浅腹盆	佩夏诺耶村	主要	12.0	0.04	—	—	0.01	0.005	0.04	0.3	0.2	0.02	0.003~0.01	图4-20:10
19.887	三耳瓶	佩夏诺耶村	主要	33.0	0.3	—	0.001	0.03	0.02	0.6	0.6	0.05	0.15	0.001~0.003	图4-20:9
19.887a	三耳瓶（柄）	佩夏诺耶村	主要	33.0	0.4	—	0.002	0.06	0.02	0.2	0.2	0.05	0.03	0.01~0.03	图4-20:9
19.888	双耳瓶I(底)	佩夏诺耶村	主要	33.0	2.0	—	0.3	0.05	0.03	0.6	0.02	0.02	0.02	0.03	图4-20:1

续表

实验室编号	器物	发现地点	Cu	Sn	Pb	Zn	Bi	Ag	Sb	As	Fe	Ni	Co	Au	图号
19.888a	双耳瓶I(颈)	佩夏诺耶村	主要	12.0	0.01	—	—	0.003	—	0.07	0.02	0.02	0.04	0.01~0.03	图4-20:1
19.888б	双耳瓶I(柄)	佩夏诺耶村	主要	33.0	0.1	—	0.005	0.03	0.02	0.5	0.02	0.02	0.04	0.003~0.01	图4-20:1
19.889	三耳瓶III(颈)	佩夏诺耶村	主要	33.0	0.1	—	—	0.006	0.01	0.2	0.2	0.05	0.03	0.01~0.03	图4-20:3
19.889a	三耳瓶III(柄)	佩夏诺耶村	主要	12.0	10.0	—	0.005	0.15	0.04	0.2	0.6	0.05	0.01	0.001~0.003	图4-20:3
19.889б	三耳瓶III(底)	佩夏诺耶村	主要	33.0	6.0	—	—	0.07	0.05	0.2	0.6	0.05	0.02	0.003~0.01	—
19.890	双耳罐(颈)	佩夏诺耶村	主要	33.0	0.04	—	—	0.03	0.002	0.2	0.6	0.05	0.02	0.003~0.01	图4-20:8
19.890a	双耳罐(柄)	佩夏诺耶村	主要	33.0	6.0	—	—	0.08	0.3	0.6	0.2	0.05	0.05	0.01~0.03	图4-20:8
19.891	双耳瓶III(颈)	佩夏诺耶村	主要	33.0	0.04	—	0.005	0.03	0.02	0.7	0.1	0.05	0.05	0.01~0.03	图4-20:4
19.891a	双耳瓶III(柄)	佩夏诺耶村	主要	33.0	0.05	—	0.005	0.05	0.02	0.7	0.1	0.05	0.05	0.01~0.03	图4-20:4
19.891б	双耳瓶III(器身)	佩夏诺耶村	主要	33.0	6.0	—	0.002	0.05	0.03	0.6	0.2	0.05	0.05	0.01~0.03	图4-20:4

实验室编号	器物	发现地点	Cu	Sn	Pb	Zn	Bi	Ag	Sb	As	Fe	Ni	Co	Au	图号
19.891B	双耳瓶III（盖）	佩夏诺耶村	≥70.0	有	≤30.0	—	少量	有	有	有	有	少量	—	—	图4-20:4
19.892	双耳瓶II（器身）	佩夏诺耶村	主要	33.0	12.0	—	0.005	0.03	0.01	0.07	0.4	0.02	0.01	0.001~0.003	图4-20:5
19.892a	双耳瓶II(柄)	佩夏诺耶村	主要	33.0	0.1	—	0.002	0.004	0.01	0.2	0.3	0.02	0.01	0.003~0.01	图4-20:5
19.893	锡图拉I	佩夏诺耶村	主要	33.0	0.3	—	—	0.2	0.08	0.07	0.9	0.02	0.03	0.003~0.01	图4-20:7
19.893a	锡图拉I(柄)	佩夏诺耶村	主要	33.0	0.3	—	—	0.2	0.1	0.07	1.0	0.03	0.01	0.003~0.01	图4-20:7
19.894	双耳瓶盆（底）	佩夏诺耶村	主要	12.0	12.0	—	0.03	0.1	0.01	0.2	0.3	0.4	0.15	0.003~0.01	图4-20:6
19.895	三耳瓶II（器身）	佩夏诺耶村	主要	33.0	0.04	—	—	0.03	0.01	0.6	0.2	0.02	0.01	0.003~0.01	图4-20:2
19.895a	三耳瓶III(中心柄部)	佩夏诺耶村	主要	33.0	2.0	—	0.02	0.03	0.01	0.2	1.0	0.03	0.01	0.01~0.03	图4-20:2
12.546	箭头	波尔塔夫斯基希纳（不同地点）	主要	0.1	0.03	—	0.001	0.006	0.01	0.2	0.03	0.003	—	0.001	图4-1-2:14

·欧·亚·历·史·文·化·文·库·

续表

实验室编号	器物	发现地点	Cu	Sn	Pb	Zn	Bi	Ag	Sb	As	Fe	Ni	Co	Au	图号
20.599	别针	波尔塔夫希纳(不同地点)	主要	10.0	0.04	—	—	0.2	0.01	0.09	0.2	0.007	0.004	0.001~0.003	图4-18-1:24
20.600	别针	波尔塔夫希纳(不同地点)	主要	8.0	1.50	—	0.001	0.2	0.04	0.2	0.001	0.01	0.007	0.001~0.003	图4-18-1:27
20.601	别针	波尔塔夫希纳(不同地点)	主要	9.0	0.01	—	—	0.01	—	—	1.0	0.04	0.3	0.001~0.003	图4-18-1:28
20.602	别针	波尔塔夫希纳	主要	8.0	0.02	—	0.001	0.01	0.02	0.2	0.01	0.04	0.02	0.001~0.003	图4-18-1:29
20.603	别针	波尔塔夫希纳	主要	3.0	0.02	—	0.001	0.02	0.01	0.4	0.06	0.01	0.007	0.001~0.003	图4-18-1:30
20.604	别针	波尔塔夫希纳	主要	8.0	1.0	—	0.04	0.2	0.2	0.2	0.02	0.02	0.007	0.001~0.003	图4-18-1:31
20.605	别针	波尔塔夫希纳	主要	8.0	0.15	—	0.004	0.01	0.03	0.25	0.06	0.02	0.05	0.001~0.003	—
20.606	别针	波尔塔夫希纳	主要	8.0	0.01	—	—	0.01	0.008	0.25	0.2	0.02	0.15	0.001~0.003	—
20.607	别针	波尔塔夫希纳	主要	8.0	0.1	—	0.01	0.2	0.35	0.09	0.001	0.35	0.01	0.001~0.003	—
20.608	泡	波尔塔夫希纳	主要	8.0	1.0	—	0.02	0.2	0.1	0.04	0.01	0.02	0.004	0.001~0.003	图4-9-1:26
20.610	耳环	波尔塔夫希纳	主要	8.0	0.1	—	0.009	0.2	0.2	0.1	0.03	0.007	0.004	0.001~0.003	图4-18-1:45
20.611	耳环	波尔塔夫希纳	主要	10.0	0.03	—	0.009	0.01	0.04	0.25	0.01	0.1	0.02	0.001~0.003	图4-18-1:45
20.612	镜	波尔塔夫希纳	主要	8.0	3.50	—	0.04	0.01	0.15	1.50	0.02	0.04	0.05	0.001~0.003	图4-16:5
20.614	别针	波尔塔夫希纳	主要	4.50	0.01	—	—	0.007	—	—	0.1	0.02	0.004	0.001~0.003	图4-18-1:17

续表

实验室编号	器物	发现地点	Cu	Sn	Pb	Zn	Bi	Ag	Sb	As	Fe	Ni	Co	Au	图号
20.616	铸范	波尔塔夫希纳	主要	0.3	1.0	—	0.02	0.03	0.03	0.3	0.01	0.04	0.05	0.001~0.003	—
20.617	铸模	波尔塔夫希纳	主要	8.0	1.0	—	0.009	0.04	0.2	0.09	0.02	0.40	0.02	0.001~0.003	—
20.618	别针	波尔塔夫希纳	主要	3.0	8.0	—	0.009	0.01	0.04	0.09	0.02	0.005	0.004	0.001~0.003	—
20.619	别针	波尔塔夫希纳	主要	8.0	0.1	—	0.009	0.04	0.15	0.25	0.01	0.35	0.05	0.001~0.003	—
20.642	耳环残片	波尔塔夫希纳	主要	8.0	3.50	—	0.02	0.03	0.35	0.65	0.001	0.02	0.004	0.003	图4-18-1:41
20.648	箭头	波尔塔夫希纳	主要	3.0	0.05	—	0.001	0.04	0.01	0.2	0.06	0.004	—	0.001	图4-2-2:11
20.649	箭头	波尔塔夫希纳	主要	4.50	0.04	—	0.001	0.01	0.02	0.1	0.02	0.007	—	0.001	图4-2-2:11
20.650	箭头	波尔塔夫希纳	主要	8.0	0.05	—	0.001	0.01	0.01	0.09	0.06	0.005	—	0.001	图4-2-2:11
20.671	串珠	波尔塔夫希纳	主要	3.0	1.0	0.08	0.004	0.005	0.2	0.2	0.06	0.02	—	0.001	—
20.674	箭头	波尔塔夫希纳	主要	8.0	1.50	—	0.02	0.005	0.007	0.04	0.001	0.005	0.001	0.001	图4-2-1:23
20.680	铠甲片	波尔塔夫希纳	主要	8.0	0.05	—	—	0.002	—	—	0.04	0.05	—	0.01	图4-4:5
20.683	镜	波尔塔夫希纳	主要	8.0	0.1	—	0.01	0.04	0.2	0.8	0.02	0.01	0.001	0.001	图4-16:1
20.684	箭头	波尔塔夫希纳	主要	4.0	0.09	—	0.004	0.01	0.15	0.15	0.03	0.005	0.001	0.001	图4-1-2:14
20.685	箭头	波尔塔夫希纳	主要	1.0	0.09	—	0.005	0.01	0.35	0.09	0.06	0.002	—	0.001	图4-1-2:8
20.686	箭头	波尔塔夫希纳	主要	1.50	0.03	—	0.001	0.01	0.04	0.09	0.02	0.005	0.002	0.001	图4-1-2:8

实验室编号	器物	发现地点	Cu	Sn	Pb	Zn	Bi	Ag	Sb	As	Fe	Ni	Co	Au	图号
20.688	箭头	波尔塔夫希纳	主要	0.05	0.03	0.03	0.004	0.01	0.03	0.1	0.01	0.005	—	0.001	图 4－1－2:13
20.689	箭头	波尔塔夫希纳	主要	3.0	0.09	0.02	0.04	0.02	0.04	0.04	0.02	0.04	0.004	0.001	图 4－1－2:13
20.692	箭头	波尔塔夫希纳	主要	3.0	0.06	—	0.009	0.003	0.004	0.04	0.001	0.002	—	—	图 4－1－2:12
20.694	箭头	波尔塔夫希纳	主要	0.05	1.50	—	0.009	0.01	0.2	0.3	0.001	0.01	—	0.001	图 4－1－2:10
20.696	箭头	波尔塔夫希纳	主要	0.35	0.03	—	0.001	0.01	0.04	0.03	0.06	0.005	0.001	0.001	图 4－1－2:2
20.697	箭头	波尔塔夫希纳	主要	3.0	0.09	0.08	0.35	0.01	0.003	0.04	0.03	0.02	0.004	0.001	图 4－1－1:14
20.698	箭头	波尔塔夫希纳	主要	0.3	0.03	—	0.005	0.05	0.01	0.25	0.02	0.005	—	—	图 4－1－1:14
20.699	箭头	波尔塔夫希纳	主要	3.0	1.0	0.03	—	0.01	0.03	0.09	0.25	0.007	0.002	0.001	图 4－2－2:12
20.700	箭头	波尔塔夫希纳	主要	4.0	1.50	—	0.009	0.05	0.01	0.3	0.01	0.007	0.004	0.001	图 4－2－2:12
20.701	箭头	波尔塔夫希纳	主要	8.0	0.1	—	0.003	0.001	0.003	—	0.02	0.01	0.008	0.001	图 4－2－1:24
20.702	箭头	波尔塔夫希纳	主要	4.50	0.1	0.03	—	0.0007	0.003	—	0.06	0.02	0.005	0.001	图 4－2－2:26
20.703	箭头	波尔塔夫希纳	主要	0.1	0.04	0.01	0.001	0.01	0.02	0.15	0.06	0.004	0.007	0.001	图 4－2－2:29
20.704	箭头	波尔塔夫希纳	主要	8.0	0.04	—	—	0.0004	—	0.04	0.06	0.005	0.002	0.001	图 4－2－2:20
20.705	箭头	波尔塔夫希纳	主要	8.0	3.50	—	0.004	0.01	0.08	0.25	0.001	0.01	0.004	0.001	图 4－2－2:20
20.706	箭头	波尔塔夫希纳	主要	3.0	3.50	0.6	0.001	0.0006	0.02	0.04	0.02	0.005	0.002	0.001	图 4－2－2:22
20.707	箭头	波尔塔夫希纳	主要	5.0	0.1	—	—	0.01	—	0.01	0.06	0.01	0.005	0.001	图 4－2－1:24

实验室编号	器物	发现地点	Cu	Sn	Pb	Zn	Bi	Ag	Sb	As	Fe	Ni	Co	Au	图号
20.708	箭头	波尔塔夫希纳	主要	8.0	1.50	—	0.002	0.02	0.01	—	0.01	0.02	0.004	0.001	图4-2-1:24
20.709	箭头	波尔塔夫希纳	主要	3.0	5.0	—	0.007	0.01	0.08	0.1	0.005	0.005	0.001	0.001	图4-3:1,3
20.710	箭头	波尔塔夫希纳	主要	10.0	0.9	0.02	0.001	0.01	0.06	0.09	0.005	0.005	0.004	0.001	图4-3:1,3
20.718	箭头	波尔塔夫希纳	主要	8.0	8.50	—	0.006	0.01	0.01	0.04	0.01	0.007	0.004	0.001	图4-3:25
20.719	箭头	波尔塔夫希纳	主要	8.0	8.50	—	0.01	0.01	0.50	0.09	0.001	0.01	0.02	0.001	图4-3:25
12.549	别针	波尔塔夫穆基	主要	6.0	0.3	—	0.001	0.004	0.03	0.07	0.03	0.015	0.004	0.001~0.003	图4-18-1:32
12.550	别针	波尔塔夫穆基	主要	8.0	0.3	—	0.001	0.002	0.02	0.15	0.03	0.01	0.009	0.001~0.003	图4-18-1:33
12.551	别针	波尔塔夫穆基	主要	3.0	0.8	—	0.003	0.008	0.02	0.06	0.001	0.01	0.002	0.001	图4-18-1:33
12.552	镜	波尔塔夫穆基	主要	4.0	1.0	0.003	—	0.015	—	0.01	0.25	0.004	0.008	0.001	图4-16:9
19.916	杆头	波波夫卡村5号冢	主要	33.0	2.0	—	0.7	0.2	0.02	3.0	1.0	0.06	0.005	0.01~0.03	图4-11-1:2
19.917	杆头	波波夫卡村5号冢	主要	33.0	3.0	—	0.4	0.2	0.01	3.0	0.3	0.15	0.02	0.01~0.03	图4-11-1:2
19.947	镜	波波夫卡村6号冢	主要	12.0	0.1	—	0.01	0.2	0.8	1.0	0.03	0.005	0.001	0.003~0.01	图4-16:2
19.948	镜残片	波尔波夫卡村	主要	33.0	0.4	0.15	0.005	0.2	0.06	0.2	0.6	0.05	0.005	0.003~0.01	—
19.953	泡	波波夫卡村8号冢	主要	33.0	0.04	—	0.005	0.15	0.02	0.2	0.03	0.02	0.001	0.003~0.01	图4-6-1:20

续表

实验室编号	器物	发现地点	Cu	Sn	Pb	Zn	Bi	Ag	Sb	As	Fe	Ni	Co	Au	图号
19.954	泡	波波夫卡村8号冢	主要	33.0	0.1	—	0.007	0.2	0.02	0.2	0.015	0.02	—	0.003~0.01	图4-6-1:20
19.955	泡	波波夫卡村8号冢	主要	33.0	0.1	—	0.005	0.2	0.06	0.2	0.03	0.02	—	0.01~0.03	图4-6-1:20
19.956	泡	波波夫卡村8号冢	主要	33.0	0.1	—	0.005	0.2	0.02	0.06	0.004	0.05	—	0.003~0.01	图4-6-1:20
19.957	泡	波波夫卡村8号冢	主要	33.0	0.2	—	0.002	0.15	0.15	0.06	0.004	0.02	0.008	0.01~0.03	图4-6-1:20
19.846	泡	波波夫卡村10号冢	主要	19.0	1.0	0.06	0.015	0.1	0.15	0.25	0.03	0.02	0.005	0.003~0.01	图4-6-1:15
19.949	泡	波波夫卡村10号冢	主要	13.0	0.1	—	0.002	0.2	—	0.01	0.1	0.02	0.01	0.01~0.03	图4-9-1:2
19.950	泡	波波夫卡村10号冢	主要	33.0	0.03	0.15	—	0.2	—	0.01	2.0	0.02	0.02	0.003~0.01	图4-9-1:2
19.952	手镯	波波夫卡村13号冢	主要	33.0	0.3	0.15	0.005	0.08	0.02	0.6	0.03	0.05	0.05	0.01~0.03	—
20.062	别针	波波夫卡村13号冢	主要	33.0	2.0	—	0.03	0.1	0.1	0.4	0.2	0.04	0.05	0.01~0.03	图4-18-1:35
20.063	别针	波波夫卡村13号冢	主要	33.0	2.0	—	0.005	0.08	0.3	0.2	0.01	0.005	0.02	0.001~0.003	图4-18-1:35

实验室编号	器物	发现地点	Cu	Sn	Pb	Zn	Bi	Ag	Sb	As	Fe	Ni	Co	Au	图号
20.064	别针	波波夫卡村 13 号冢	主要	16.0	1.0	—	0.008	0.15	0.15	0.6	0.007	0.06	0.01	0.003~0.01	图 4 - 18 - 1:23
19.958	扣	波波夫卡村 14 号冢	主要	16.0	0.3	0.15	0.003	0.2	0.15	0.6	0.03	0.02	0.003	0.01~0.03	图 4 - 8 - 1:7
19.959	扣	波波夫卡村 14 号冢	主要	33.0	0.3	0.15	0.008	0.2	0.25	0.6	0.03	0.02	0.002	0.01~0.03	图 4 - 8 - 1:7
19.960	扣	波波夫卡村 14 号冢	主要	16.0	12.0	—	0.015	0.06	0.025	0.03	0.004	0.05	—	0.001~0.003	图 4 - 8 - 1:8
19.962	扣	波波夫卡村 14 号冢	主要	33.0	6.0	0.04	0.007	0.03	0.01	0.03	0.01	0.05	0.007	0.003~0.01	图 4 - 8 - 1:9
19.963	串珠	波波夫卡村 14 号冢	主要	33.0	6.0	—	0.01	0.07	0.06	0.3	0.01	0.008	0.003	0.003~0.01	图 4 - 6 - 1:8
19.964	串珠	波波夫卡村 14 号冢	主要	33.0	1.5	0.04	0.005	0.08	0.15	0.6	0.01	0.01	0.007	0.001~0.003	图 4 - 6 - 1:8
19.931	手镯	波波夫卡村 6 号冢	主要	33.0	6.0	0.04	0.005	0.2	0.06	0.1	0.1	0.05	0.15	0.01~0.03	—
19.965	扣	波波夫卡村 6 号冢	主要	5.0	6.0	—	0.005	0.2	0.06	0.2	0.04	0.02	0.02	0.001~0.003	图 4 - 6 - 1:24
19.966	手镯	波波夫卡村 6 号冢	主要	16.0	1.0	0.15	0.005	0.06	0.1	0.1	0.1	0.02	0.05	0.01~0.03	图 4 - 18 - 1:4

续表

实验室编号	器物	发现地点	Cu	Sn	Pb	Zn	Bi	Ag	Sb	As	Fe	Ni	Co	Au	图号
19.967	手镯	波波夫卡村6号冢	主要	16.0	2.0	0.2	0.005	0.07	0.1	0.1	0.1	0.02	0.05	0.01~0.03	图4-18-1:4
20.059	串珠	波波夫卡和罗缅县	主要	16.0	0.06	—	0.02	0.03	0.01	0.03	0.1	0.05	0.007	0.001	图4-6-1:6
20.060	串珠	波波夫卡和罗缅县	主要	33.0	6.0	—	0.02	0.1	0.06	0.2	0.03	0.02	0.001	0.001~0.003	图4-6-1:6
20.061	串珠	波波夫卡和罗缅县	主要	13.0	12.0	—	0.03	0.15	0.15	0.2	0.01	0.007	—	0.003~0.01	图4-6-1:6
20.651	串珠	波波夫卡和罗缅县	主要	4.0	1.50	0.08	0.004	0.01	0.03	0.2	0.001	0.005	0.001	0.001	图4-6-1:7
20.652	串珠	波波夫卡和罗缅县	主要	3.0	0.3	0.15	0.002	0.02	0.07	0.2	0.02	0.008	—	0.001	图4-6-1:7
19.674	斧子	波波夫卡和罗缅县	主要	33.0	6.0	—	0.005	0.05	0.001	0.1	0.05	0.05	0.02	0.003~0.01	图4-11-2:5
19.674a	斧子（柄）	波波夫卡和罗缅县	主要	33.0	1.0	—	0.002	0.07	0.005	0.2	0.07	0.06	0.02	0.003~0.01	图4-11-2:5
19.754	镜	波波夫卡和罗缅县	主要	14.50	10.0	—	0.005	0.07	—	0.2	0.1	0.05	0.05	0.001~0.003	图4-16:8
19.754a	镜（柄）	波波夫卡和罗缅县	主要	14.50	6.0	—	—	0.05	—	0.4	0.07	0.05	0.2	0.001~0.003	图4-16:8

续表

实验室编号	器物	发现地点	Cu	Sn	Pb	Zn	Bi	Ag	Sb	As	Fe	Ni	Co	Au	图号
19.7546	镜（豹）	波波夫卡和罗缅县	主要	14.50	12.0	—	0.002	0.03	—	0.25	0.05	0.07	0.9	0.003~0.01	图4-16:8
19.769	杆头	波波夫卡和罗缅县	主要	5.0	0.1	—	0.001	0.05	0.01	0.02	0.01	0.02	0.004	0.001~0.003	图4-11-1:9
19.770	杆头	波波夫卡和罗缅县	主要	6.0	0.04	—	—	0.03	0.01	0.07	0.2	0.007	0.002	0.001~0.003	图4-11-1:10
19.827	马镳	波波夫卡和罗缅县	主要	12.0	0.2	—	0.002	0.006	0.02	0.09	0.01	0.02	0.01	0.003~0.01	图4-6-1:1
19.828	马镳	波波夫卡和罗缅县	主要	12.0	0.2	0.4	—	0.004	—	0.01	1.0	0.06	0.2	0.01~0.03	图4-6-1:1
19.829	马镳	波波夫卡和罗缅县	主要	12.0	0.04	0.15	0.002	0.008	—	0.01	0.01	0.05	0.3	0.003~0.01	图4-6-1:1
19.830	斧子	波波夫卡和罗缅县	主要	5.0	3.0	0.02	?	0.1	0.05	0.2	0.1	0.05	0.02	0.001~0.003	图4-11-2:6
19.835	马额饰	波波夫卡和罗缅县	主要	19.0	2.0	—	0.01	0.05	0.07	0.2	0.03	0.05	0.001	0.003~0.01	图4-10-1:12
19.836	马额饰	波波夫卡和罗缅县	主要	33.0	7.0	0.04	0.01	0.05	0.01	0.03	0.01	0.05	0.008	0.003~0.01	图4-10-1:13
19.838	扣	波波夫卡和罗缅县	主要	16.0	6.0	0.04	0.01	0.06	0.01	0.03	0.004	0.05	0.02	0.003~0.01	图4-9-1:13

续表

实验室编号	器物	发现地点	Cu	Sn	Pb	Zn	Bi	Ag	Sb	As	Fe	Ni	Co	Au	图号
19.839	扣	罗馆县	主要	33.0	8.0	—	0.01	0.05	0.01	0.03	0.003	0.05	0.007	0.003~0.01	图4-9-1:13
19.842	扣	罗馆县	主要	33.0	12.0	—	0.01	0.2	0.03	0.08	0.05	0.05	0.007	0.003~0.01	图4-9-1:10
19.843	扣	罗馆县	主要	2.0	12.0	—	0.2	0.2	4.0	0.2	0.004	0.09	0.004	0.003~0.01	图4-9-1:8
19.844	扣	罗馆县	主要	12.0	1.0	0.04	0.04	0.2	0.15	0.3	0.01	0.05	0.02	0.003~0.01	图4-8-1:10
19.845	铆钉	罗馆县	主要	8.0	12.0	—	0.015	0.2	0.06	0.25	0.004	0.05	0.007	0.01~0.03	图4-4:3
19.847	铃	罗馆县	主要	12.0	6.0	—	0.015	0.2	0.02	0.2	0.03	0.02	—	0.03~0.01	图4-18-1:58
19.852	扣	罗馆县	主要	33.0	12.0	—	0.015	0.06	0.02	0.2	0.05	0.05	0.007	0.01~0.03	图4-8-2:9
19.857	镞(器身)	罗馆县	主要	0.1	2.0	—	0.02	0.2	0.8	0.2	0.015	0.05	—	0.01~0.03	图4-19:3
19.857a	镞(足)	罗馆县	主要	0.1	12.0	—	0.02	0.05	0.8	0.3	0.03	0.008	—	0.01~0.03	图4-19:3
19.857b	镞(把手)	罗馆县	主要	0.06	6.0	0.04	0.015	0.07	0.5	0.2	0.6	0.02	—	0.01~0.03	图4-19:3
19.876	箭头	罗馆县	主要	14.0	0.04	—	0.005	0.006	0.15	—	0.2	0.03	0.002	0.003~0.01	图4-1-2:9
19.877	箭头	罗馆县	主要	33.0	0.3	—	0.002	0.2	0.02	0.6	0.3	0.06	0.02	0.003~0.01	图4-1-2:9
19.940	镜	罗馆县	主要	33.0	0.15	0.04	0.01	0.07	0.15	0.6	0.6	0.05	0.02	0.003~0.01	图4-16:20
19.941	镜	罗馆县	主要	12.0	1.0	—	0.01	0.15	0.15	0.2	0.3	0.03	0.05	0.003~0.01	图4-16:21

实验室编号	器物	发现地点	Cu	Sn	Pb	Zn	Bi	Ag	Sb	As	Fe	Ni	Co	Au	图号
19.942	镜	罗镧县	主要	12.0	0.2	—	0.005	0.2	0.15	2.0	0.1	0.05	0.004	0.01~0.03	图4-16:22
19.943	镜	罗镧县	主要	12.0	0.3	—	0.05	0.2	0.4	0.6	0.05	0.05	0.004	0.003~0.01	图4-16:3
20.677	箭头	罗镧县	主要	8.0	2.0	—	0.04	0.01	0.07	0.65	0.02	0.007	0.002	0.001	图4-2-2:12
20.678	箭头	罗镧县	主要	8.0	3.50	—	0.02	0.01	0.03	—	0.02	0.005	—	0.001	图4-2-2:11
20.679	箭头	罗镧县	主要	3.0	0.3	—	0.001	0.01	0.008	—	0.04	0.002	—	0.001	图4-2-1:36
20.712	别针	罗镧县	主要	0.3	0.03	—	—	0.01	0.06	0.40	0.01	0.007	—	0.001	图4-18-1:25
20.713	别针	罗镧县	主要	3.0	0.1	—	0.005	0.01	0.35	0.25	0.01	0.06	0.007	0.001	图4-18-1:26
17.111	别针	斯帕索—普列奥布拉任斯基修道院	主要	3.0	2.0	—	0.008	0.005	0.04	0.2	0.02	0.02	0.003	0.001	图4-18-1:34
20.626	别针	苏季伊夫卡村	主要	8.0	0.1	—	0.001	0.01	0.03	0.65	0.04	0.02	0.01	0.001~0.003	图4-18-1:12
20.627	箭头	苏季伊夫卡村	主要	0.6	0.05	—	—	0.0007	0.02	0.04	0.06	0.002	—	0.001~0.003	图4-2-2:4
20.628	箭头	苏季伊夫卡村	主要	0.3	0.1	—	0.004	0.03	0.09	0.01	0.01	0.004	—	0.001~0.003	图4-1-2:16
20.629	手镯残片	苏季伊夫卡村	主要	8.0	0.3	—	0.02	0.02	0.15	0.3	0.001	0.04	0.004	0.001~0.003	图4-18-1:6
20.630	鬓环	苏季伊夫卡村	主要	0.5	0.3	—	0.004	0.02	0.03	0.1	0.01	0.04	0.02	0.001~0.003	图4-18-1:42
20.631	铠甲片	苏季伊夫卡村	主要	10.0	0.03	—	0.001	0.005	0.01	0.25	0.001	0.007	0.007	0.001~0.003	图4-4:4

213

续表

实验室编号	器物	发现地点	Cu	Sn	Pb	Zn	Bi	Ag	Sb	As	Fe	Ni	Co	Au	图号
20.632	铠甲片	苏季伊夫卡村	主要	10.0	0.02	—	—	0.01	0.01	0.05	0.04	0.01	0.007	0.001~0.003	图 4 - 4:4
20.633	铠甲片	苏季伊夫卡村	主要	8.0	1.0	—	—	0.01	0.04	0.09	0.03	0.2	0.06	0.001~0.003	图 4 - 4:4
20.634	铠甲片	苏季伊夫卡村	主要	4.50	3.50	—	—	0.002	0.01	0.09	0.5	0.04	0.007	0.001~0.003	图 4 - 4:4
20.635	铠甲片	苏季伊夫卡村	主要	8.0	3.50	—	—	0.01	0.03	0.09	0.1	0.35	0.05	0.001~0.003	图 4 - 4:4
20.636	别针残片	苏季伊夫卡村	主要	8.0	0.01	—	—	0.003	—	—	0.06	0.06	0.001	0.001~0.003	图 4 - 18 - 1:39
20.637	串珠	苏季伊夫卡村	主要	8.0	2.0	—	0.005	0.02	0.04	0.3	0.07	0.005	0.001	0.001~0.003	图 4 - 6 - 1:18
20.638	串珠	苏季伊夫卡村	主要	9.0	0.1	0.4	—	0.01	0.04	0.25	0.03	0.01	0.008	0.001~0.003	图 4 - 6 - 1:17
20.639	马镳残片	苏季伊夫卡村	主要	6.0	0.3	—	—	0.002	0.01	0.09	1.0	0.005	—	0.001~0.003	图 4 - 7 - 1:8
20.654	箭头	苏季伊夫卡村	主要	8.0	0.02	—	0.003	0.01	0.01	0.25	0.001	0.02	0.004	—	图 4 - 2 - 2: 2、12
20.675	箭头	苏季伊夫卡村	主要	3.0	0.6	—	0.01	0.01	0.07	0.1	0.001	0.02	0.02	0.001	图 4 - 2 - 2:23
20.676	箭头	苏季伊夫卡村	主要	3.0	0.3	—	0.009	0.01	2.0	0.09	0.01	0.01	0.02	0.001	图 4 - 2 - 1:20

实验室编号	器物	发现地点	Cu	Sn	Pb	Zn	Bi	Ag	Sb	As	Fe	Ni	Co	Au	图号
12.518	手镯	苏尔马切夫卡村	主要	4.0	0.3	0.005	0.002	0.002	0.03	0.15	0.003	0.01	0.01	0.003~0.01	图4-18-1:2
12.519	手镯	苏尔马切夫卡村	主要	6.0	0.06	—	0.002	0.005	0.03	0.2	0.015	0.01	0.01	0.003~0.01	图4-18-1:3
12.520	手镯	苏尔马切夫卡村	主要	4.0	0.03	0.007	0.001	0.005	0.04	0.2	0.01	0.01	0.01	0.001~0.003	图4-18-1:3
17.134	镜	苏尔马切夫卡村	主要	2.0	0.01	—	—	0.006	0.007	0.02	0.2	0.007	0.007	0.001~0.003	—

索引表

·欧·亚·历·史·文·化·文·库·

·欧·亚·历·史·文·化·文·库·

欧亚历史文化文库

已经出版

林悟殊著:《中古夷教华化丛考》　　　　　　　　　　定价:66.00 元

赵俪生著:《弇兹集》　　　　　　　　　　　　　　　定价:69.00 元

华喆著:《阴山鸣镝——匈奴在北方草原上的兴衰》　　定价:48.00 元

杨军编著:《走向陌生的地方——内陆欧亚移民史话》　定价:38.00 元

贺菊莲著:《天山家宴——西域饮食文化纵横谈》　　　定价:64.00 元

陈鹏著:《路途漫漫丝貂情——明清东北亚丝绸之路研究》

　　　　　　　　　　　　　　　　　　　　　　　　　定价:62.00 元

王颋著:《内陆亚洲史地求索》　　　　　　　　　　　定价:83.00 元

〔日〕堀敏一著,韩昇、刘建英编译:《隋唐帝国与东亚》　定价:38.00 元

〔印度〕艾哈默得·辛哈著,周翔翼译,徐百永校:《入藏四年》

　　　　　　　　　　　　　　　　　　　　　　　　　定价:35.00 元

〔意〕伯戴克著,张云译:《中部西藏与蒙古人

　　——元代西藏历史》(增订本)　　　　　　　　　定价:38.00 元

陈高华著:《元朝史事新证》　　　　　　　　　　　　定价:74.00 元

王永兴著:《唐代经营西北研究》　　　　　　　　　　定价:94.00 元

王炳华著:《西域考古文存》　　　　　　　　　　　定价:108.00 元

李健才著:《东北亚史地论集》　　　　　　　　　　　定价:73.00 元

孟凡人著:《新疆考古论集》　　　　　　　　　　　　定价:98.00 元

周伟洲著:《藏史论考》　　　　　　　　　　　　　　定价:55.00 元

刘文锁著:《丝绸之路——内陆欧亚考古与历史》　　　定价:88.00 元

张博泉著:《甫白文存》　　　　　　　　　　　　　　定价:62.00 元

孙玉良著:《史林遗痕》　　　　　　　　　　　　　　定价:85.00 元

马健著:《匈奴葬仪的考古学探索》　　　　　　　　　定价:76.00 元

〔俄〕柯兹洛夫著,王希隆、丁淑琴译:

　　《蒙古、安多和死城哈喇浩特》(完整版)　　　　定价:82.00 元

乌云高娃著:《元朝与高丽关系研究》　　　　　　　　定价:67.00 元

杨军著:《夫余史研究》　　　　　　　　　　　　　　定价:40.00 元

梁俊艳著:《英国与中国西藏(1774—1904)》　　　　　定价:88.00 元

〔乌兹别克斯坦〕艾哈迈多夫著,陈远光译:

　　《16—18 世纪中亚历史地理文献》(修订版)　　　定价:85.00 元

成一农著:《空间与形态——三至七世纪中国历史城市地理研究》

　　　　　　　　　　　　　　　　　　　　　　　　定价:76.00 元

杨铭著:《唐代吐蕃与西北民族关系史研究》　　　　　定价:86.00 元

殷小平著:《元代也里可温考述》　　　　　　　　　　定价:50.00 元

耿世民著:《西域文史论稿》　　　　　　　　　　　　定价:100.00 元

殷晴著:《丝绸之路经济史研究》　　　定价:135.00 元(上、下册)

余大钧译:《北方民族史与蒙古史译文集》　定价:160.00 元(上、下册)

韩儒林著:《蒙元史与内陆亚洲史研究》　　　　　　　定价:58.00 元

〔美〕查尔斯·林霍尔姆著,张士东、杨军译:

　　《伊斯兰中东——传统与变迁》　　　　　　　　　定价:88.00 元

〔美〕J.G.马勒著,王欣译:《唐代塑像中的西域人》　定价:58.00 元

顾世宝著:《蒙元时代的蒙古族文学家》　　　　　　　定价:42.00 元

杨铭编:《国外敦煌学、藏学研究——翻译与评述》　　定价:78.00 元

牛汝极等著:《新疆文化的现代化转向》　　　　　　　定价:76.00 元

周伟洲著:《西域史地论集》　　　　　　　　　　　　定价:82.00 元

周晶著:《纷扰的雪山——20 世纪前半叶西藏社会生活研究》

　　　　　　　　　　　　　　　　　　　　　　　　定价:75.00 元

蓝琪著:《16—19 世纪中亚各国与俄国关系论述》　　定价:58.00 元

许序雅著:《唐朝与中亚九姓胡关系史研究》》　　　　定价:65.00 元

汪受宽著:《骊轩梦断——古罗马军团东归伪史辨识》　定价:96.00 元

刘雪飞著:《上古欧洲斯基泰文化巡礼》　　　　　　　定价:32.00 元

〔苏联〕Т.Б.巴尔采娃著,张良仁、李明华译:

　　《斯基泰时期的有色金属加工业——第聂伯河左岸森林草原带》

　　　　　　　　　　　　　　　　　　　　　　　　定价:44.00 元

敬请期待

李鸣飞著:《玄风庆会——蒙古国早期的宗教变迁》

马小鹤著:《光明的使者》

许全胜著:《黑鞑事略汇校集注》

张文德著:《朝贡与入附——明代西域人来华研究》

·欧·亚·历·史·文·化·文·库·

尚永琪著:《胡僧东来——汉唐时期的佛经翻译家和传播人》

篠原典生著:《西天伽蓝记》

桂宝丽著:《可萨突厥》

张小贵著:《祆教史考论与述评》

贾丛江著:《汉代西域汉人和汉文化》

王冀青著:《斯坦因的中亚考察》

王冀青著:《斯坦因研究论集》

王永兴著:《敦煌吐鲁番出土唐代军事文书考释》

薛宗正著:《汉唐西域史汇考》

李映洲著:《敦煌艺术论》

叶德荣著:《汉晋胡汉佛教论集》

〔俄〕波塔宁著,〔俄〕奥布鲁切夫编,吴吉康译:《蒙古纪行》

王颋著:《内陆亚洲史地求索》(续)

〔德〕施林洛甫著,刘震译校:《叙事和图画
    ——欧洲和印度艺术中的情节展现》

王冀青著:《斯坦因档案研究指南》

〔前苏联〕巴托尔德著,张丽译:《中亚历史》

徐文堪编:《梅维恒内陆欧亚研究文选》

〔前苏联〕К.А.阿奇舍夫、Г.А.库沙耶夫著,孙危译:
    《伊犁河流域塞人和乌孙的古代文明》

徐文堪著:《古代内陆欧亚的语言和有关研究》

刘迎胜著:《小儿锦文字释读与研究》

李锦绣编:《20世纪内陆欧亚历史文化研究论文选粹》

李锦绣、余太山编:《古代内陆欧亚史纲》

郑炳林著:《敦煌占卜文献叙录》

陈明著:《出土文献与早期佛经词汇研究》

李锦绣著:《裴矩〈西域图记〉辑考》

王冀青著:《犍陀罗佛教艺术》

王冀青著:《敦煌西域研究论集》

李艳玲著:《公元前2世纪至公元7世纪前期西域绿洲农业研究》

许全胜、刘震编:《内陆欧亚历史语言论集——徐文堪先生古稀纪念》

张小贵编:《三夷教论集——林悟殊先生古稀纪念》

李鸣飞著:《横跨欧亚——马可波罗的足迹》

杨林坤著:《西风万里交河道——明代西域丝路上的使者与商旅》

杜斗诚著:《杜撰集》

林悟殊著:《华化摩尼教补说》

王媛媛著:《摩尼教艺术及其华化考述》

〔日〕渡边哲信著,尹红丹、王冀青译:《西域旅行日记》

李花子著:《长白山踏查记》

王冀青著:《佛光西照——欧美佛教研究史》

王冀青著:《霍恩勒与鲍威尔写本》

王冀青著:《清朝政府与斯坦因第二次中国考古》

芮传明著:《摩尼教东方文书校注与译释》

马小鹤著:《摩尼教东方文书研究》

段海蓉著:《萨都剌传》

〔德〕梅塔著,刘震译:《从弃绝到解脱》

郭物著:《欧亚游牧社会的重器——鍑》

王邦维著:《玄奘》

冯天亮著:《词从外来——唐代外来语研究》

芮传明著:《内陆欧亚中古风云录》

王冀青著:《伯希和敦煌考古档案研究》

王冀青著:《伯希和中亚考察研究》

李锦绣著:《北阿富汗的巴克特里亚文献》

〔日〕荒川正晴著,冯培红译:《欧亚的交通贸易与唐帝国》

孙昊著:《辽代女真社会研究》

赵现海著:《明长城的兴起
　　——"长城社会史"视野下明中期榆林长城修筑研究》

华喆著:《帝国的背影——公元14世纪以后的蒙古》

〔前苏联〕伊·亚·兹拉特金著,马曼丽译:《准葛尔汗国史》(修订版)

杨建新著:《民族边疆论集》

〔美〕白卖克著,马娟译:《大蒙古国的畏吾儿人》

余太山著:《内陆欧亚史研究自选论集》